Daniele Boos
Juni 92

Über dieses Buch »Noch nie konnte ich einen besseren Einblick in die Seele eines Kindes gewinnen«, schrieb Sigmund Freud 1909 in einem Brief anläßlich der Veröffentlichung der Fallstudie des »Kleinen Hans«. Tatsächlich handelt es sich hier um die erste Analyse eines Kindes, gleichsam den Beginn der Kinderanalyse. Zwar wurde der »Kleine Hans« nicht von Freud selbst, sondern vom eigenen Vater, einem Schüler Freuds, behandelt; von diesem häufig konsultiert, hat Freud den Vorgang jedoch aufmerksam beobachtet und anhand der stenographischen Protokolle des Vaters niedergeschrieben. Der Fall des »Kleinen Hans« – er litt an einer Phobie, fürchtete, sobald er das Haus verließe, von einem Pferd gebissen zu werden – hat nicht zuletzt deshalb historische Bedeutung, weil er Freud die Gelegenheit bot, seine bisher ausschließlich aus Erwachsenenanalysen – via Rekonstruktion – erschlossenen Hypothesen über die frühkindliche Entwicklung, vor allem die infantile Sexualität, zu verifizieren. – In einem eigens für die vorliegende Taschenbuchausgabe verfaßten Vorwort erläutert Anna Freud, Tochter Sigmund Freuds und die Begründerin der Kinderanalyse, den historischen Stellenwert der Falldarstellung des »Kleinen Hans«.

Der Autor Sigmund Freud, geb. am 6. Mai 1856 in Freiberg (Přibor/Mähren). Wichtigste Phasen seiner Biographie: Schulzeit in einem Wiener Gymnasium; Studium an der vom Positivismus geprägten, weithin berühmten Wiener Medizinischen Schule; Entdeckung der Psychopathologie unter dem Einfluß des großen Neuropathologen Jean-Martin Charcot in Paris; Beschäftigung mit Hysterie und anderen Neurosenformen in der eigenen Arztpraxis; Begründung und Fortentwicklung der Psychoanalyse als Behandlungs- und Forschungsmethode sowie als systematische Psychologie; Ausbreitung der Lehre mit ihren klinischen und außerklinischen Anwendungsgebieten; Abfall einzelner Schüler, Anfeindungen und schließliche Anerkennung; politische Verfolgung mit Emigration nach London 1938, wo er 1939 starb.
Von Sigmund Freud erschienen folgende Fischer Taschenbücher: *Studien über Hysterie* (zusammen mit Josef Breuer) (Bd. 6001); *Darstellungen der Psychoanalyse* (Bd. 6016); *Abriß der Psychoanalyse / Das Unbehagen in der Kultur* (Bd. 6043); *Drei Abhandlungen zur Sexualtherapie und verwandte Schriften* (Bd. 6044); *Totem und Tabu* (Bd. 6053); *Massenpsychologie und Ich-Analyse* (Bd. 6054); *Über Träume und Traumdeutungen* (Bd. 6073); *Zur Psychopathologie des Alltagslebens* (Bd. 6079); *Der Witz und seine Beziehungen zum Unbewußten* (Bd. 6083); *»Selbstdarstellung«, Schriften zur Geschichte der Psychoanalyse* (Bd. 6096); *Der Wahn und die Träume in W. Jensens »Gradiva«* mit dem Text der Erzählung von Wilhelm Jensen (Bd. 6172); *Der Mann Moses und die monotheistische Religion* (Bd. 6300); *Die Traumdeutung* (Bd. 6344); *Vorlesungen zur Einführung in die Psychoanalyse* (Bd. 6348); *Neue Folge der Vorlesungen zur Einführung in die Psychoanalyse* (Bd. 6390); *Das Ich und das Es* (Bd. 6394); *Beiträge zur Psychologie des Liebeslebens und andere Schriften* (Bd. 6732); *Hemmung, Symptom und Angst* (Bd. 6734); *Bruchstück einer Hysterie-Analyse* (Bd. 6736); *Zwei Falldarstellungen. Der Rattenmann / Der Fall Schreber* (Bd. 6745).

Sigmund Freud

Analyse der Phobie eines fünfjährigen Knaben

»Der kleine Hans«

Vorwort von Anna Freud

Fischer
Taschenbuch
Verlag

18.–19. Tausend: August 1989

Veröffentlicht im Fischer Taschenbuch Verlag GmbH,
Frankfurt am Main, April 1980

Lizenzausgabe mit freundlicher Genehmigung
des S. Fischer Verlages GmbH, Frankfurt am Main

Umschlagentwurf: Jan Buchholz / Reni Hinsch
Druck und Bindung: Clausen & Bosse, Leck
Printed in Germany
ISBN 3-596-26715-3

Inhalt

Vorwort von Anna Freud (1979) 7

Analyse der Phobie
eines fünfjährigen Knaben (1909) 13

I. Einleitung 15
II. Krankengeschichte und Analyse 29
III. Epikrise 99

Register 137

Vorwort von Anna Freud

Für die ersten Generationen von Analytikern waren Freuds eigene Arbeiten bahnbrechend und bestimmend. Künftige Historiker der Psychoanalyse werden keine Mühe haben, die Verbindungslinien nachzuziehen, die von seinen Vorstößen auf technischem, klinischem, theoretischem Gebiet sowie auf dem Feld der Anwendungen zu den Veröffentlichungen der Mitarbeiter und Schüler führen. Der Weg von den *Drei Abhandlungen zur Sexualtheorie* (1905) zur eingehenden Beschäftigung mit der Homosexualität und den Perversionen ist ebenso offenbar wie die Eröffnung des Zugangs zur Erforschung der Psychosen nach den »Psychoanalytischen Bemerkungen über einen autobiographisch beschriebenen Fall von Paranoia« (1911) oder das Erscheinen von psychobiographischen Studien über Künstler, Dichter, etc. nach Freuds Untersuchung von Jensens *Gradiva* (1907)[1] und einer »Kindheitserinnerung des Leonardo da Vinci« (1910).

Unter diesen richtungsweisenden Publikationen Freuds nimmt die *Analyse der Phobie eines fünfjährigen Knaben* (1909)[2] eine besondere Stelle ein. Hier handelt es sich um mehr als eine spezifische Krankengeschichte, mehr als die Beleuchtung eines klinischen Syndroms, die, wie das ›Bruchstück einer Hysterieanalyse‹ (1905) oder die ›Bemerkungen über einen Fall von Zwangsneurose‹ (1909) zum Verständnis und zur Behandlung bestimmter Neurosenformen auffordert. Was die Analyse des ›Kleinen Hans‹ eröffnet, ist ein ganz neuer Zweigbereich in der Psychoanalyse, mehr als die Ausdehnung ihrer Therapie vom Erwachsenen zum Kind, nämlich die Möglichkeit zu neuen Ausblicken auf die Entwicklung des Einzelmenschen und die mühsame

[1] Abgedruckt in: S. Freud, *Der Wahn und die Träume in W. Jensens ›Gradiva‹ mit dem Text der Erzählung von Wilhelm Jensen*, Neuausgabe Frankfurt am Main 1973 (Fischer Taschenbuch Bd. 6172). [Anm. d. Red.]

[2] Der folgende Abdruck übernimmt unverändert den Text der *Gesammelten Werke* (G. W.) (hrsg. von A. Freud, E. Bibring, W. Hoffer, E. Kris, O. Isakower, seit 1960 bei S. Fischer Verlag, Frankfurt am Main), Bd. 7, S. 243–377. [Anm. d. Red.]

Stufenfolge von Konflikten und Kompromissen zwischen den Ansprüchen von Trieb, Ich und Außenwelt, die von der Unreife zur Reife führen.

Was Hans für seinen Vater und für Freud dokumentierte, waren die uns heute wohlbekannten Elemente der phallisch-ödipalen Phase der infantilen Sexualentwicklung: die Hochschätzung des männlichen Genitales als Lustquelle; die Liebe zum andersgeschlechtlichen und Rivalität mit dem (sonst geliebten) gleichgeschlechtlichen Elternteil; Schau- und Zeigelust; Grübeleien über den elterlichen Geschlechtsverkehr, über Schwangerschaft und Geburt; Eifersucht; Todeswünsche; Kastrationsangst.

Es hieße aber die Bedeutung dieser Schilderung weit unterschätzen, wollten wir nicht mehr in ihr sehen als die vom Analytiker der damaligen Zeit erhoffte Bestätigung seiner »Annahmen über die infantile Sexualität, in deren Komponenten er die Triebkräfte aller neurotischen Symptome des späteren Lebens gefunden zu haben glaubt«[3] Was Freud dem Leser gleichzeitig mit den Regungen der infantilen Sexualität vor Augen führt, sind die schmerzlichen und angsterregenden Widersprüche im Innenleben des kleinen Jungen. Trotz seiner drängenden Triebwünsche ist Hans kein »schlimmes«, ungehemmt-revolutionäres, der elterlichen Autorität entwachsenes Kind. Im Gegenteil, er ist gutmütig, zärtlich, leicht gerührt, mitleidig, den Eltern anhänglich und von ihnen abhängig, bemüht, so weit es in seinen Kräften steht, ihren Weisungen und Warnungen zu folgen. Es ist erst der Zusammenstoß zwischen diesen beiden so verschiedenen Seiten seiner Persönlichkeit, der Freuds Schilderung ihre einzigartige Wichtigkeit verleiht. Der Beobachter – und Leser – erlebt hier zum ersten Mal, und zwar nicht in der Rekonstruktion, sondern unmittelbar am Kind, den Kampf um die Triebumwandlung, er lernt die Mittel kennen, die dem menschlichen Ich und Über-Ich für die Sozialisierung des Individuums zur Verfügung stehen. Im Falle des »Kleinen Hans« war es Aufgabe der *Verdrängung*, die aus der anal-sadistischen Phase stammenden aggressiven Wünsche zu beseitigen; es ist Aufgabe von *Reak-*

[3] G. W., Bd. VII, S. 244 (hier S. 15).

tionsbildungen, Geschwistereifersucht in Geschwisterliebe, Zeigelust in Scham, Schmutzlust in Ekel zu verwandeln. *Verschiebung* vom Menschen (Vater, Mutter) auf Tiere (Löwe, Giraffe, Pferd) ist an der Tagesordnung, zugleich mit dem Versuch, drohende Triebgefahren vom Elternhaus in die entferntere Außenwelt zu verlegen. *Identifizierung mit dem Angreifer* bestimmt das Rollenspiel, in dem das Kind selbst die Stelle des gefährlichen, beißenden, ausschlagenden Pferdes einnimmt; *Projektion* externalisiert die eigenen bösen Regungen, so daß das Kind sie als vom Vater kommend erlebt; *Leugnung in der Phantasie* oder *in der Tat* dient der Beschwichtigung narzißtischer Kränkung wegen der besseren körperlichen Ausstattung des Vaters und der eigenen Unterlegenheit dem größeren, stärkeren, vielleicht allmächtigen und allwissenden Mann gegenüber.

Wir dürfen fragen, warum ein solches Arsenal von funktionierenden Abwehrmechanismen nicht ausreichen konnte, um Hans' Kastrationsangst in Schach zu halten und den phobischen Rückzug von normaler kindlicher Aktivität zu verhüten. Es ist Freuds Antwort, welche die Schilderung dieses kindlichen Syndroms über seine Bedeutung für die Pathologie hinaushebt und ihr schicksalhaften Wert gibt. Er zeigt nämlich, daß es sich hier nicht um eine Erkrankung eines vielleicht hereditär belasteten oder sexuell überreizten oder abnorm frühreifen oder sonstwie individuell disponierten Kindes, sondern um ein mehr oder weniger typisches Vorkommnis handelt, das die »unvermeidlichen Schwierigkeiten« vor Augen führt, »welche die Überwindung der angeborenen Triebkomponenten in der Kulturerziehung dem Kinde bereiten muß«[4]. Der allgemeingültige Faktor ist hier die relative Schwäche des kindlichen Ichs gegenüber der Dringlichkeit der Triebwünsche und den unvermeidlichen, wie immer herabgeschraubten Ansprüchen der durch ihre eigenen Regeln gebundenen Außenwelt. Der »Kleine Hans« bringt die Opfer an Triebbefriedigung, die von jedem Kind als Preis für seinen Eintritt in die Gemeinschaft der Erwachsenen gefordert werden. Daß er – wie viele andere Kinder – diesen Schritt nicht ohne neuro-

[4] G. W., Bd. VII, S.374 (hier S. 133).

tische Verwicklungen zustande bringt und daß äußerer Beistand nötig ist, um den Jungen wieder symptomfrei zu machen, mag – wie bei vielen anderen Kindern – einem quantitativen Faktor, nämlich der Diskrepanz zwischen seiner eigenen Triebstärke und seiner eigenen Ichstärke, zuzuschreiben sein.
Wie dem auch sei, mit der Krankengeschichte des »Kleinen Hans« gelang der psychoanalytischen Lehre ein entscheidender Schritt zur Überbrückung der Kluft zwischen Pathologie und Normalität, zwischen seelischer Krankheit und seelischer Gesundheit; sie entwickelte sich weiter von einer Psychopathologie zu einer Entwicklungspsychologie.

So weit wir Freud auf diesem Weg gefolgt sind, so bereit müssen wir sein anzuerkennen, daß seine Äußerung über die Unüberwindlichkeit technischer Schwierigkeiten einer Psychoanalyse im frühen Kindesalter sich nicht bewahrheitet hat. Seit 1909 hat eine beträchtliche Anzahl von Analytikern gelernt, die Methode der Psychoanalyse dem kindlichen Wesen anzupassen und »die Vereinigung der väterlichen und der ärztlichen Autorität [...], das Zusammentreffen des zärtlichen Interesses mit dem wissenschaftlichen«[5] durch ihr eigenes Interesse an den Entwicklungsvorgängen und ihre Einfühlung in die verschiedenen Äußerungsformen des kindlichen Wesens zu ersetzen. Freud behält Recht, daß die so mühsam erarbeitete Technik der Erwachsenenanalyse nicht ohne weiteres auf Kinder übertragbar ist; daß Kinder nicht gewillt – oder nicht fähig – sind, frei zu assoziieren; daß sie keinen Vertrag über Aufrichtigkeit mit dem Analytiker eingehen oder diesen nicht einhalten; daß sie unverläßliche Mitarbeiter sind; daß sie durch Deutung angebotene Einsicht scheuen, wenn sie Angst oder Unlust auslöst; daß sie sich gegen Versagungen auflehnen und Übertragungen lieber agieren anstatt sie zum Verständnis vergangener Gefühlsbeziehungen zu verwerten. Daß diesen Hindernissen zum Trotz ein analytisch-therapeutischer Zugang zum Kind gefunden werden

[5] G. W., Bd. VII, S. 243 (hier S. 10).

konnte, war vor mehr als einem halben Jahrhundert nicht vorauszusehen.

Es war die Aufgabe der Kinderanalytiker, die unverwendbaren Elemente der Erwachsenentherapie Stück für Stück durch andere zu ersetzen und so eine neue, selbständige und selbständig zu erlernende Behandlungsform, die Kinderanalyse, zu erschaffen. Es ist wichtig zu wissen, daß die Bemühung um ihre Vervollkommnung auch heute noch nicht als abgeschlossen betrachtet werden kann und für viele praktizierende Kinderanalytiker im Mittelpunkt des Interesses steht. Nicht anders als in der Erwachsenenanalyse bedeutet jeder technische Fortschritt eine weitere Annäherung an den Analysanden und seine ihm selbst nicht ohne Hilfe zugänglichen Konflikte.

Die von Hans' Vater und Freud geleistete Pionierarbeit auf diesem Gebiet beweist einerseits die Schwierigkeit, andererseits die Notwendigkeit und Fruchtbarkeit eines solchen Unterfangens.

London im August 1979 Anna Freud

Analyse der Phobie eines fünfjährigen Knaben

I
Einleitung

Die auf den folgenden Blättern darzustellende Kranken- und Heilungsgeschichte eines sehr jugendlichen Patienten entstammt, streng genommen, nicht meiner Beobachtung. Ich habe zwar den Plan der Behandlung im ganzen geleitet und auch ein einziges Mal in einem Gespräche mit dem Knaben persönlich eingegriffen; die Behandlung selbst hat aber der Vater des Kleinen durchgeführt, dem ich für die Überlassung seiner Notizen zum Zwecke der Veröffentlichung zu ernstem Danke verpflichtet bin. Das Verdienst des Vaters reicht aber weiter; ich meine, es wäre einer anderen Person überhaupt nicht gelungen, das Kind zu solchen Bekenntnissen zu bewegen; die Sachkenntnis, vermöge welcher der Vater die Äußerungen seines 5jährigen Sohnes zu deuten verstand, hätte sich nicht ersetzen lassen, die technischen Schwierigkeiten einer Psychoanalyse in so zartem Alter wären unüberwindbar geblieben. Nur die Vereinigung der väterlichen und der ärztlichen Autorität in einer Person, das Zusammentreffen des zärtlichen Interesses mit dem wissenschaftlichen bei derselben, haben es in diesem einen Falle ermöglicht, von der Methode eine Anwendung zu machen, zu welcher sie sonst ungeeignet gewesen wäre.

Der besondere Wert dieser Beobachtung ruht aber in Folgendem: Der Arzt, der einen erwachsenen Nervösen psychoanalytisch behandelt, gelangt durch seine Arbeit des schichtweisen Aufdeckens psychischer Bildungen schließlich zu gewissen Annahmen über die infantile Sexualität, in deren Komponenten er die Triebkräfte aller neurotischen Symptome des späteren Lebens gefunden zu haben glaubt. Ich habe diese Annahmen in meinen 1905 veröffentlichten »Drei Abhandlungen zur Sexualtheorie«* dargelegt; ich weiß, daß sie dem Fernerstehenden ebenso befremdend erscheinen wie dem Psychoanalytiker unabweisbar. Aber auch der Psychoanalytiker darf sich den Wunsch nach

* [Fischer Taschenbuch Bd. 6044 – Anm. D. Red.]

einem direkteren, auf kürzerem Wege gewonnenen Beweise jener fundamentalen Sätze eingestehen. Sollte es denn unmöglich sein, unmittelbar am Kinde in aller Lebensfrische jene sexuellen Regungen und Wunschbildungen zu erfahren, die wir beim Gealterten mit soviel Mühe aus ihren Verschüttungen ausgraben, von denen wir noch überdies behaupten, daß sie konstitutionelles Gemeingut aller Menschen sind und sich beim Neurotiker nur verstärkt oder verzerrt zeigen?

In solcher Absicht pflege ich meine Schüler und Freunde seit Jahren anzueifern, daß sie Beobachtungen über das zumeist geschickt übersehene oder absichtlich verleugnete Sexualleben der Kinder sammeln mögen. Unter dem Material, welches infolge dieser Aufforderung in meine Hände gelangte, nahmen die fortlaufenden Nachrichten über den kleinen *Hans* bald eine hervorragende Stelle ein. Seine Eltern, die beide zu meinen nächsten Anhängern gehörten, waren übereingekommen, ihr erstes Kind mit nicht mehr Zwang zu erziehen, als zur Erhaltung guter Sitte unbedingt erforderlich werden sollte, und da das Kind sich zu einem heiteren, gutartigen und aufgeweckten Buben entwickelte, nahm der Versuch, ihn ohne Einschüchterung aufwachsen und sich äußern zu lassen, seinen guten Fortgang. Ich gebe nun die Aufzeichnungen des Vaters über den kleinen Hans wieder, wie sie mir zugetragen wurden, und werde mich selbstverständlich jedes Versuches enthalten, Naivität und Aufrichtigkeit der Kinderstube durch konventionelle Entstellungen zu stören.

Die ersten Mitteilungen über Hans datieren aus der Zeit, da er noch nicht ganz drei Jahre alt war. Er äußerte damals durch verschiedene Reden und Fragen ein ganz besonders lebhaftes Interesse für den Teil seines Körpers, den er als »Wiwimacher« zu bezeichnen gewohnt war. So richtete er einmal an seine Mutter die Frage:

Hans: »Mama hast du auch einen Wiwimacher?«

Mama: »Selbstverständlich. Weshalb?«

Hans: »Ich hab' nur gedacht.«

Im gleichen Alter kommt er einmal in einen Stall und sieht, wie eine Kuh gemolken wird. »Schau, aus dem Wiwimacher kommt Milch.«

Schon diese ersten Beobachtungen machen die Erwartung rege, daß vieles, wenn nicht das meiste, was uns der kleine Hans zeigt, sich als typisch für die Sexualentwicklung des Kindes herausstellen wird. Ich habe einmal ausgeführt[1], daß man nicht zu sehr entsetzt zu sein braucht, wenn man bei einem weiblichen Wesen die Vorstellung vom Saugen am männlichen Gliede findet. Diese anstößige Regung habe eine sehr harmlose Abkunft, da sie sich vom Saugen an der Mutterbrust ableitet, wobei das Euter der Kuh, – seiner Natur nach eine Mamma, seiner Gestalt und Lage nach ein Penis – eine passende Vermittlung übernimmt. Die Entdekkung des kleinen Hans bestätigt den letzten Teil meiner Aufstellung.

Sein Interesse für den Wiwimacher ist indes kein bloß theoretisches; wie zu vermuten stand, reizt es ihn auch zu Berührungen des Gliedes. Im Alter von 3½ Jahren wird er von der Mutter, die Hand am Penis, betroffen. Diese droht: »Wenn du das machst, lass' ich den Dr. A. kommen, der schneidet dir den Wiwimacher ab. Womit wirst du dann Wiwi machen?«

Hans: »Mit dem Popo.«

Er antwortet noch ohne Schuldbewußtsein, aber er erwirbt bei diesem Anlasse den »Kastrationskomplex«, den man in den Analysen der Neurotiker so oft erschließen muß, während sie sich sämtlich gegen die Anerkennung desselben heftig sträuben. Über die Bedeutung dieses Elements der Kindergeschichte wäre viel Wichtiges zu sagen. Der »Kastrationskomplex« hat im Mythus (und zwar nicht nur im griechischen) auffällige Spuren hinterlassen; ich habe seine Rolle in einer Stelle der »Traumdeutung« (S. 263 der vierten Auflage) und noch anderwärts gestreift.[2]

[1] ›Bruchstück einer Hysterie-Analyse‹, 1905. [in: G. W., Bd. V, S. 161]

[2] [*Zusatz 1923:*] Die Lehre vom Kastrationskomplex hat seither durch die Beiträge von *Lou Andreas, A. Stärcke, F. Alexander u. a.* einen weiteren Ausbau erfahren. Man hat geltend gemacht, daß der Säugling schon das jedesmalige Zurückziehen der Mutterbrust als Kastration d. h. als Verlust eines bedeutsamen, zu seinem Besitz gerechneten Körperteils empfinden mußte, daß er die regelmäßige Abgabe des Stuhlgangs nicht anders werten kann, ja daß der Geburtsakt als Trennung von der Mutter, mit der man bis dahin eins war, das Urbild jeder Kastration ist. Unter Anerkennung all dieser Wurzeln des Komplexes habe ich doch die Forderung aufgestellt, daß der Name Kastrationskomplex auf die Erregungen und Wirkungen zu beschränken sei, die mit dem Verlust des Penis

Etwa im gleichen Alter (3½ Jahre) ruft er in Schönbrunn vor dem Löwenkäfige freudig erregt aus: »Ich hab' den Wiwimacher vom Löwen gesehen.«

Die Tiere verdanken ein gutes Stück der Bedeutung, die sie im Mythus und im Märchen haben, der Offenheit, mit der sie dem kleinen, wißbegierigen Menschenkinde ihre Genitalien und ihre sexuellen Funktionen zeigen. Die sexuelle Neugierde unseres Hans leidet wohl keinen Zweifel, aber sie macht ihn auch zum Forscher, gestattet ihm richtige begriffliche Erkenntnisse.

Er sieht auf dem Bahnhofe, 3¾ Jahre alt, wie aus einer Lokomotive Wasser ausgelassen wird. »Schau, die Lokomotive macht Wiwi. Wo hat sie denn den Wiwimacher?«

Nach einer Weile setzt er nachdenklich hinzu: »Ein Hund und ein Pferd hat einen Wiwimacher; ein Tisch und ein Sessel nicht.« So hat er ein wesentliches Kennzeichen für die Unterscheidung des Lebenden vom Leblosen gewonnen.

Wißbegierde und sexuelle Neugierde scheinen untrennbar voneinander zu sein. Hans' Neugierde erstreckt sich ganz besonders auf die Eltern.

Hans, 3¾ Jahre: »Papa, hast du auch einen Wiwimacher?«

Vater: »Ja natürlich.«

Hans: »Aber ich hab' ihn nie gesehen, wenn du dich ausgezogen hast.«

Ein andermal sieht er gespannt zu, wie sich die Mama vor dem Schlafengehen entkleidet. Diese fragt: »Was schaust du denn so?«

Hans: »Ich schau' nur, ob du auch einen Wiwimacher hast?«

Mama: »Natürlich. Hast du denn das nicht gewußt?«

verknüpft sind. Wer sich in den Analysen Erwachsener von der Unausbleiblichkeit des Kastrationskomplexes überzeugt hat, wird es natürlich schwierig finden, ihn auf eine zufällige und doch nicht so allgemein vorkommende Androhung zurückzuführen, und wird annehmen müssen, daß das Kind sich diese Gefahr auf die leisesten Andeutungen hin, an denen es ja niemals fehlt, konstruiert. Dies ist ja auch das Motiv, daß den Anstoß gegeben hat, nach den allgemein vorfindlichen tieferen Wurzeln des Komplexes zu suchen. Umso wertvoller wird es aber, daß im Falle des kleinen Hans die Kastrationsandrohung von den Eltern berichtet wird und zwar aus einer Zeit, da seine Phobie noch nicht in Frage kam.
[In der Taschenbuchausgabe – Bd. 6344 – S. 218. – Anm. d. Red.]

Hans: »Nein, ich hab' gedacht, weil du so groß bist, hast du einen Wiwimacher wie ein Pferd.«

Wir wollen uns diese Erwartung des kleinen Hans merken; sie wird später zu Bedeutung kommen.

Das große Ereignis in Hansens Leben ist aber die Geburt seiner kleinen Schwester Hanna, als er genau 3½ Jahre alt war (April 1903 bis Oktober 1906). Sein Benehmen bei diesem Anlasse wurde vom Vater unmittelbar notiert: »Früh um 5 Uhr, mit dem Beginne der Wehen, wird Hans' Bett ins Nebenzimmer gebracht; hier erwacht er um 7 Uhr und hört das Stöhnen der Gebärenden, worauf er fragt: »Was hustet denn die Mama?« – Nach einer Pause: »Heut' kommt gewiß der Storch.«

»Man hat ihm natürlich in den letzten Tagen oft gesagt, der Storch wird ein Mäderl oder Buberl bringen, und er verbindet das ungewohnte Stöhnen ganz richtig mit der Ankunft des Storches.«

»Später wird er in die Küche gebracht; im Vorzimmer sieht er die Tasche des Arztes und fragt: »Was ist das?«, worauf man ihm sagt: »Eine Tasche.« Er dann überzeugt: »Heut' kommt der Storch.« Nach der Entbindung kommt die Hebamme in die Küche und Hans hört, wie sie anordnet, man möge einen Tee kochen, worauf er sagt: »Aha, weil die Mammi hustet, bekommt sie einen Tee.« Er wird dann ins Zimmer gerufen, schaut aber nicht auf die Mama, sondern auf die Gefäße mit blutigem Wasser, die noch im Zimmer stehen, und bemerkt, auf die blutige Leibschüssel deutend, befremdet: »Aber aus meinem Wiwimacher kommt kein Blut.«

»Alle seine Aussprüche zeigen, daß er das Ungewöhnliche der Situation mit der Ankunft des Storches in Zusammenhang bringt. Er macht zu allem, was er sieht, eine sehr mißtrauische, gespannte Miene, und *zweifellos hat sich das erste Mißtrauen gegen den Storch bei ihm festgesetzt.*«

Hans ist auf den neuen Ankömmling sehr eifersüchtig und sagt, wenn irgend wer sie lobt, schön findet usw., sofort höhnisch: »Aber sie hat noch keine Zähne[1].« Als er sie

[1] Wiederum ein typisches Verhalten. Ein anderer, nur um zwei Jahre älterer Bruder pflegte unter den gleichen Verhältnissen ärgerlich mit dem Ausrufe »zu k(l)ein, zu k(l)ein« abzuwehren.

nämlich zum erstenmal sah, war er sehr überrascht, daß sie nicht sprechen kann, und meinte, sie könne nicht sprechen, weil sie keine Zähne habe. Er wird in den ersten Tagen selbstverständlich sehr zurückgesetzt und erkrankt plötzlich an Angina. Im Fieber hört man ihn sagen: »Aber ich will kein Schwesterl haben!«

»Nach etwa einem halben Jahre ist die Eifersucht überwunden, und er wird ein ebenso zärtlicher wie seiner Überlegenheit bewußter Bruder[1].«

»Ein wenig später sieht Hans zu, wie man seine einwöchentliche Schwester badet. Er bemerkt: »Aber ihr Wiwimacher ist noch klein,« und setzt wie tröstend hinzu: »Wenn sie wachst, wird er schon größer werden[2].«

[1] »Der Storch soll ihn wieder mitnehmen«, äußerte ein anderes, etwas älteres Kind zum Willkommen des Brüderchens. Vergleiche hierzu, was ich in der »Traumdeutung« über die Träume vom Tode teuerer Verwandter bemerkt habe (S. 254, 6. Aufl., G. W., Bd. II/III) [als Taschenbuch Bd. 6344; hier S. 211 ff. Anm. d. Red.]

[2] Das nämliche Urteil, in den identischen Worten ausgedrückt und von der gleichen Erwartung gefolgt, wurde mir von zwei anderen Knaben berichtet, als sie den Leib eines kleinen Schwesterchens zuerst neugierig beschauen konnten. Man könnte über diese frühzeitige Verderbnis des kindlichen Intellekts erschrekken. Warum konstatieren diese jugendlichen Forscher nicht, was sie wirklich sehen, nämlich, daß kein Wiwimacher vorhanden ist? Für unseren kleinen Hans können wir allerdings die volle Aufklärung seiner fehlerhaften Wahrnehmung geben. Wir wissen, er hat sich durch sorgfältige Induktion den allgemeinen Satz erworben, daß jedes belebte Wesen im Gegensatze zum Unbelebten einen Wiwimacher besitzt; die Mutter hat ihn in dieser Überzeugung bestärkt, indem sie ihm bejahende Auskünfte über solche Personen gab, die sich seiner eigenen Beobachtung entzogen. Er ist nun ganz und gar unfähig, seine Errungenschaft wegen der einen Beobachtung an der kleinen Schwester wieder aufzugeben. Er urteilt also, der Wiwimacher ist auch hier vorhanden, er ist nur noch sehr klein, aber er wird wachsen, bis er groß geworden ist wie der eines Pferdes.

Wir wollen zur Ehrenrettung unseres kleinen Hans ein Weiteres tun. Er benimmt sich eigentlich nicht schlechter als ein Philosoph der *Wundt*schen Schule. Für einen solchen ist das Bewußtsein der nie fehlende Charakter des Seelischen, wie für Hans der Wiwimacher das unentbehrliche Kennzeichen alles Lebenden. Stößt der Philosoph nun auf seelische Vorgänge, die man erschließen muß, an denen aber wirklich nichts von Bewußtsein wahrzunehmen ist – man weiß nämlich nichts von ihnen und kann doch nicht umhin, sie zu erschließen – so sagt er nicht etwa, dies seien unbewußte seelische Vorgänge, sondern er heißt sie *dunkelbewußte*. Der Wiwimacher ist noch sehr klein! Und bei diesem Vergleiche ist der Vorteil noch auf Seiten unseres kleinen Hans. Denn, wie so häufig bei den Sexualforschungen der Kinder, ist auch hier hinter dem Irrtume ein Stück richtiger Erkenntnis verborgen. Das kleine Mädchen besitzt allerdings auch einen kleinen Wiwimacher, den wir Klitoris heißen, wenn er auch nicht wächst, sondern verkümmert bleibt. (Vgl. meine kleine Arbeit »Über infantile Sexualtheorien«, Sexualprobleme, 1908; enthalten in G. W., Bd. VII, S. 169ff.)

»Im gleichen Alter, zu 3¾ Jahren, liefert Hans die erste Erzählung eines Traumes. »Heute, wie ich geschlafen habe, habe ich geglaubt, ich bin in Gmunden mit der Mariedl.«
»Mariedl ist die 13jährige Tochter des Hausherrn, die oft mit ihm gespielt hat.«
Wie nun der Vater den Traum der Mutter in seiner Gegenwart erzählt, bemerkt Hans richtigstellend: »Nicht mit der Mariedl, ganz allein mit der Mariedl.«
Hierzu ist zu bemerken: »Hans war im Sommer 1906 in Gmunden, wo er sich den Tag über mit den Hausherrnkindern herumtrieb. Als wir von Gmunden abreisten, glaubten wir, daß ihm der Abschied und die Übersiedlung in die Stadt schwer fallen würden. Dies war überraschenderweise nicht der Fall. Er freute sich offenbar über die Abwechslung und erzählte durch mehrere Wochen sehr wenig von Gmunden. Erst nach Ablauf von Wochen stiegen öfter lebhaft gefärbte Erinnerungen an die in Gmunden verbrachte Zeit in ihm auf. Seit etwa 4 Wochen verarbeitet er diese Erinnerungen zu Phantasien. Er phantasiert, daß er mit den Kindern Berta, Olga und Fritzl spielt, spricht mit ihnen, als ob sie gegenwärtig wären, und ist imstande, sich stundenlang so zu unterhalten. Jetzt, wo er eine Schwester bekommen hat und ihn offenbar das Problem des Kinderkriegens beschäftigt, nennt er Berta und Olga nur mehr »seine Kinder« und fügt einmal hinzu: »Auch meine Kinder, Berta und Olga, hat der Storch gebracht.« Der Traum, jetzt nach 6monatlicher Abwesenheit von Gmunden, ist offenbar als Ausdruck seiner Sehnsucht, nach Gmunden zu fahren, zu verstehen.«
So weit der Vater; ich bemerke vorgreifend, daß Hans mit der letzten Äußerung über seine Kinder, die der Storch gebracht haben soll, einem in ihm steckenden Zweifel laut widerspricht.
Der Vater hat zum Glück mancherlei notiert, was später zu ungeahntem Werte kommen sollte. »Ich zeichne Hans, der in letzter Zeit öfter in Schönbrunn war, eine Gi-

Fig. 1.

raffe. Er sagt mir: »Zeichne doch auch den Wiwimacher.« Ich darauf: »Zeichne du ihn selbst dazu.« Hierauf fügt er an das Bild der Giraffe folgenden Strich (die Zeichnung liegt bei), den er zuerst kurz zieht und dem er dann ein Stück hinzufügt, indem er bemerkt: »Der Wiwimacher ist länger.«

»Ich gehe mit Hans an einem Pferde vorbei, das uriniert. Er sagt: »Das Pferd hat den Wiwimacher unten so wie ich.«

»Er sieht zu, wie man seine 3monatliche Schwester badet, und sagt bedauernd: »Sie hat einen ganz, ganz kleinen Wiwimacher.«

»Er erhält eine Puppe zum Spielen, die er auskleidet. Er schaut sie sorgfältig an und sagt: »Die hat aber einen ganz kleinen Wiwimacher.«

Wir wissen bereits, daß es ihm mit dieser Formel möglich gemacht ist, seine Entdeckung aufrecht zu halten.

Jeder Forscher ist in Gefahr, gelegentlich dem Irrtume zu verfallen. Ein Trost bleibt es, wenn er, wie unser Hans im nächsten Beispiele, nicht allein irrt, sondern sich zur Entschuldigung auf den Sprachgebrauch berufen kann. Er sieht nämlich in seinem Bilderbuche einen Affen und zeigt auf dessen aufwärts geringelten Schwanz: »Schau, Vatti, der Wiwimacher.«

In seinem Interesse für den Wiwimacher hat er sich ein ganz besonderes Spiel ausgedacht. »Im Vorzimmer ist der Abort und eine dunkle Holzkammer. Seit einiger Zeit geht Hans in die Holzkammer und sagt: »Ich geh' in mein Klosett.« Einmal schaue ich hinein, um zu sehen, was er in der dunklen Kammer macht. Er exhibiert und sagt: »Ich mache Wiwi.« Das heißt also: er »spielt« Klosett. Der Spielcharakter erhellt nicht nur daraus, daß er das Wiwimachen bloß fingiert und nicht etwa wirklich ausführt, sondern auch daraus, daß er nicht ins Klosett geht, was eigentlich viel einfacher wäre, vielmehr die Holzkammer vorzieht, die er »sein Klosett« heißt.«

Wir würden Hans unrecht tun, wenn wir nur die autoerotischen Züge seines Sexuallebens verfolgten. Sein Vater hat uns ausführliche Beobachtungen über seine Liebesbeziehungen zu anderen Kindern mitzuteilen, aus denen sich eine »Objektwahl« wie beim Erwachsenen ergibt. Freilich auch eine ganz bemerkenswerte Beweglichkeit und polygamische Veranlagung.

»Im Winter (3 ¾ Jahre) nehme ich Hans auf den Eislaufplatz mit und mache ihn mit den beiden etwa 10 Jahre alten Töchterchen meines Kollegen N. bekannt. Hans setzt sich neben sie, die im Gefühle ihres reifen Alters ziemlich verächtlich auf den Knirps herabblicken, und schaut sie verehrungsvoll an, was ihnen keinen großen Eindruck macht. Hans spricht trotzdem von ihnen nur als »meine Mäderln«. »Wo sind denn meine Mäderln? Wann kommen denn meine Mäderln?« und quält mich zu Hause einige Wochen lang mit der Frage: »Wann geh' ich wieder auf den Eisplatz zu meinen Mäderln?«

Ein 5jähriger Cousin von Hans ist bei dem nun 4jährigen zu Besuch. Hans umarmt ihn fortwährend und sagt einmal bei einer solchen zärtlichen Umarmung: »Ich hab' dich aber lieb.«

Es ist dies der erste, aber nicht der letzte Zug von Homosexualität, dem wir bei Hans begegnen werden. Unser kleiner Hans scheint wirklich ein Ausbund aller Schlechtigkeiten zu sein!

»Wir sind in eine neue Wohnung eingezogen. (Hans ist 4 Jahre alt.) Von der Küche führt die Tür auf einen Klopfbalkon, von wo aus man in eine vis-à-vis gelegene Hofwohnung sieht. Hier hat Hans ein etwa 7–8jähriges Mäderl entdeckt. Er setzt sich nun, um sie zu bewundern, auf die Stufe, die zum Klopfbalkon führt, und bleibt dort stundenlang sitzen. Speziell um 4 Uhr p. m., wenn das Mäderl aus der Schule kommt, ist er nicht im Zimmer zu halten und läßt sich nicht abbringen, seinen Beobachtungsposten zu beziehen. Einmal, als das Mäderl sich nicht zur gewohnten Stunde beim Fenster zeigt, wird Hans ganz unruhig und belästigt die Hausleute mit Fragen: »Wann kommt das Mäderl? Wo ist das Mäderl?« usw. Wenn sie dann erscheint, ist er ganz selig und wendet den Blick von der Wohnung gegenüber nicht mehr ab. Die Heftigkeit, mit der diese »Liebe per Distanz«[1] auftrat, findet ihre Erklärung darin,

[1] W. Busch: Und die Liebe per Distanz,
Kurzgesagt, mißfällt mir ganz.

daß Hans keinen Kameraden und keine Gespielin hat. Zur normalen Entwicklung des Kindes gehört offenbar reichlicher Verkehr mit anderen Kindern.«

»Dieser wird dann Hans zuteil, als wir kurz darauf (4½ Jahre) zum Sommeraufenthalte nach Gmunden übersiedeln. In unserem Hause sind seine Spielgefährten die Kinder des Hausherrn: Franzl (etwa 12 Jahre), Fritzl (8 Jahre), Olga (7 Jahre), Berta (5 Jahre) und überdies die Nachbarkinder: Anna (10 Jahre) und noch zwei Mäderl im Alter von 9 und 7 Jahren, deren Namen ich nicht mehr weiß. Sein Liebling ist Fritzl, den er oft umarmt und seiner Liebe versichert. Er wird einmal gefragt: »Welches von den Mäderln hast du denn am liebsten?« Er antwortet: »Den Fritzl.« Gleichzeitig ist er gegen die Mädchen sehr aggressiv, männlich, erobernd, umarmt sie und küßt sie ab, was sich namentlich Berta ganz gerne gefallen läßt. Als Berta eines Abends aus dem Zimmer kommt, umhalst er sie und sagt im zärtlichsten Tone: »Berta, du bist aber lieb«, was ihn übrigens nicht hindert, auch die anderen zu küssen und seiner Liebe zu versichern. Auch die etwa 14 Jahre alte Mariedl, ebenfalls eine Tochter des Hausherrn, die mit ihm spielt, hat er gerne und sagt eines Abends, als er zu Bette gebracht wird: »Die Mariedl soll bei mir schlafen.« Auf die Antwort: »Das geht nicht,« sagt er: »So soll sie bei der Mammi oder dem Vatti schlafen.« Man erwidert ihm: »Auch das geht nicht, die Mariedl muß bei ihren Eltern schlafen«, und nun entwickelt sich folgender Dialog:

Hans: »So geh' ich halt hinunter zur Mariedl schlafen.«

Mama: »Du willst wirklich von der Mammi weggehen, um unten zu schlafen?«

Hans: »No, früh komm' ich doch wieder herauf zum Kaffeetrinken und Aufdieseitegehen.«

Mama: »Wenn du wirklich von Vatti und Mammi gehen willst, so nimm dir deinen Rock und deine Hose und – adieu!«

»Hans nimmt wirklich seine Kleider und geht zur Treppe, um zur Mariedl schlafen zu gehen, wird natürlich zurückgeholt.«

»(Hinter dem Wunsche: »Die Mariedl soll bei uns schlafen«, steckt der andere: »Die Mariedl, mit der er so gerne beisammen ist, soll in unsere Hausgemeinschaft aufgenommen werden. Zweifellos sind aber dadurch, daß Vater und Mutter Hans, wenn auch nicht allzu häufig, in ihr Bett nahmen, bei diesem Beieinanderliegen erotische Gefühle in ihm erweckt worden, und der Wunsch, bei der Mariedl zu schlafen, hat auch seinen erotischen Sinn. Bei Vater oder Mutter im Bette liegen, ist für Hans wie für alle Kinder eine Quelle erotischer Regungen.)«

Unser kleiner Hans hat sich bei der Herausforderung der Mutter benommen wie ein rechter Mann, trotz seiner homosexuellen Anwandlungen.

»Auch in dem folgenden Falle sagte Hans zur Mammi: »Du, ich möcht einmal so gerne mit dem Mäderl schlafen.« Dieser Fall gibt uns reichlich Gelegenheit zur Unterhaltung, denn Hans benimmt sich hier wirklich wie ein Großer, der verliebt ist. In das Gasthaus, wo wir zu Mittag essen, kommt seit einigen Tagen ein etwa 8jähriges hübsches Mädchen, in das sich Hans natürlich sofort verliebt. Er dreht sich auf seinem Sessel fortwährend um, um nach ihr zu schielen, stellt sich, nachdem er gegessen hat, in ihrer Nähe auf, um mit ihr zu kokettieren, wird aber feuerrot, wenn man ihn dabei beobachtet. Wird sein Blick von dem Mäderl erwidert, so schaut er sofort verschämt auf die entgegengesetzte Seite. Sein Benehmen ist natürlich ein großes Gaudium für alle Gasthausgäste. Jeden Tag, wenn er ins Gasthaus geführt wird, fragt er: »Glaubst du, wird das Mäderl heute dort sein?« Wenn sie endlich kommt, wird er ganz rot wie ein Erwachsener im gleichen Falle. Einmal kommt er glückselig zu mir und flüstert mir ins Ohr: »Du, ich weiß schon, wo das Mäderl wohnt. Dort und dort habe ich gesehen, wie sie die Stiege hinaufgegangen ist.« Während er sich gegen die Mäderl im Hause aggressiv benimmt, ist er hier ein platonisch schmachtender Verehrer. Dies hängt vielleicht damit zusammen, daß die Mäderl im Hause Dorfkinder sind, diese aber eine kultivierte Dame. Daß er einmal sagt, er möchte mit ihr schlafen, ist schon erwähnt worden.«

»Da ich Hans nicht in der bisherigen seelischen Spannung lassen will, in die ihn seine Liebe zu dem Mäderl versetzt hat, habe ich seine Bekanntschaft mit ihr vermittelt und das Mäderl eingeladen, nachmittags zu ihm in den Garten zu kommen, wenn er seinen Nachmittagsschlaf absolviert hat. Hans ist durch die Erwartung, daß das Mäderl zu ihm kommen wird, so aufgeregt, daß er zum erstenmal am Nachmittage nicht schläft, sondern sich unruhig im Bette hin und her wälzt. Die Mama fragt ihn: »Warum schläfst du nicht? Denkst du vielleicht an das Mäderl?«, worauf er beglückt »ja« sagt. Er hat auch, als er aus dem Gasthofe nach Hause kam, allen Leuten im Hause erzählt: »Du, heute kommt mein Mäderl zu mir,« und die 14jährige Mariedl berichtet, daß er sie fortwährend gefragt hat: »Du, glaubst du, daß sie mit mir lieb sein wird? Glaubst du, daß sie mir einen Kuß geben wird, wenn ich sie küß?« u. dgl.«

»Nachmittags regnete es aber und so unterblieb der Besuch, worauf sich Hans mit Berta und Olga tröstete.«

Weitere Beobachtungen noch aus der Zeit des Sommeraufenthaltes lassen vermuten, daß sich bei dem Kleinen allerlei Neues vorbereitet.

»Hans, 4½ Jahre. Heute früh wird Hans von seiner Mama wie täglich gebadet und nach dem Bade abgetrocknet und eingepudert. Wie die Mama bei seinem Penis, und zwar vorsichtig, um ihn nicht zu berühren, pudert, sagt Hans: »Warum gibst du denn nicht den Finger hin?«

Mama: »Weil das eine Schweinerei ist.«

Hans: »Was ist das? Eine Schweinerei? Warum denn?«

Mama: »Weil es unanständig ist.«

Hans (lachend): »Aber lustig!«[1]

Ein etwa gleichzeitiger Traum unseres Hans kontrastiert recht auffällig mit der Dreistigkeit, die er gegen die Mutter gezeigt hat. Es ist der erste durch Entstellung unkenntliche Traum des Kindes. Dem Scharfsinne des Vaters ist es aber gelungen, ihm die Lösung abzugewinnen.

»Hans 4½ Jahre. *Traum.* Heute früh kommt Hans auf und erzählt: »Du, heute nachts habe ich gedacht: *Einer sagt: Wer*

[1] Einen ähnlichen Verführungsversuch berichtete mir eine selbst neurotische Mutter, die an die infantile Masturbation nicht glauben wollte, von ihrem 3½ Jahre alten Töchterchen. Sie hatte der Kleinen Unterhöschen anfertigen lassen und probierte nun, ob sie nicht im Schritt zu eng seien, indem sie mit ihrer Hand an der Innenfläche des Oberschenkels nach aufwärts strich. Die Kleine schloß plötzlich die Beine über die Hand zusammen und bat: »Mama, laß die Hand doch da. Das tut so gut.«

will zu mir kommen? Dann sagt jemand: Ich. Dann muß er ihn Wiwi machen lassen.«

»Weitere Fragen stellten klar, daß diesem Traume alles Visuelle fehlt, daß er dem reinen *type auditif* angehört. Hans spielt seit einigen Tagen mit den Kindern des Hausherrn, darunter seine Freundinnen Olga (7 Jahre) und Berta (5 Jahre), Gesellschaftsspiele, auch Pfänderauslösen. (A.: Wem gehört das Pfand in meiner Hand? B.: Mir. Dann wird bestimmt, was B. zu tun hat.) Diesem Pfänderspiele ist der Traum nachgebildet, nur wünscht Hans, daß derjenige, der das Pfand gezogen hat, nicht zu den usuellen Küssen oder Ohrfeigen verurteilt werde, sondern zum Wiwimachen, oder genauer: jemand muß ihn Wiwi machen lassen.«

»Ich lasse mir den Traum noch einmal erzählen; er erzählt ihn mit denselben Worten, nur setzt er anstatt: »dann sagt jemand« – »dann sagt sie«. Diese »sie« ist offenbar Berta oder Olga, mit denen er gespielt hat. Der Traum lautet also übersetzt: Ich spiele mit den Mäderln Pfänderauslösen. Ich frage: Wer will zu mir kommen? Sie (Berta oder Olga) antwortet: Ich. Dann muß sie mich Wiwi machen lassen. (Beim Urinieren behilflich sein, was Hans offenbar angenehm ist.)«

»Es ist klar, daß das Wiwimachenlassen, wobei dem Kinde die Hose geöffnet und der Penis herausgenommen wird, für Hans lustbetont ist. Auf Spaziergängen ist es ja zumeist der Vater, der dem Kinde diese Hilfe leistet, was Anlaß zur Fixierung homosexueller Neigung auf den Vater gibt.«

»Zwei Tage vorher hat er, wie berichtet, die Mama beim Waschen und Einpudern der Genitalgegend gefragt: »Warum gibst du nicht den Finger hin?« Gestern, als ich Hans auf die Seite gehen ließ, sagte er mir zum erstenmal, ich solle ihn hinters Haus führen, damit niemand zuschauen könne, und fügte hinzu: »Voriges Jahr, wie ich Wiwi gemacht habe, haben mir die Berta und die Olga zugesehen.« Ich meine, das heißt, voriges Jahr war ihm dieses Zuschauen der Mädchen angenehm, jetzt aber nicht mehr. Die Exhibitionslust unterliegt jetzt der Verdrängung. Daß der Wunsch, Berta und Olga mögen ihm beim Wiwimachen zuschauen (oder ihn Wiwimachen lassen), jetzt im Leben verdrängt wird, ist die Erklärung für dessen Auftreten im

Traume, in dem er sich die hübsche Einkleidung durch das Pfänderspiel geschaffen hat. – Ich beobachtete seither wiederholt, daß er beim Wiwimachen nicht gesehen werden will.«

Ich bemerke hierzu nur, daß auch dieser Traum sich der Regel fügt, die ich in der »Traumdeutung« gegeben habe: Reden, die im Traume vorkommen, stammen von gehörten oder selbst gehaltenen Reden der nächstvorigen Tage ab.

Aus der Zeit bald nach der Rückkehr nach Wien hat der Vater noch eine Beobachtung fixiert: »Hans (4½ Jahre) sieht wieder zu, wie seine kleine Schwester gebadet wird, und fängt an zu lachen. Man fragt ihn: »Warum lachst du?«

Hans: »Ich lache über den Wiwimacher der Hanna.« – »Warum?« – »Weil der Wiwimacher so schön ist.«

»Die Antwort ist natürlich eine falsche. Der Wiwimacher kam ihm eben komisch vor. Es ist übrigens das erstemal, daß er den Unterschied zwischen männlichem und weiblichem Genitale in solcher Weise anerkennt, anstatt ihn zu verleugnen.«

II
Krankengeschichte und Analyse

»Geehrter Herr Professor! Ich sende Ihnen wieder ein Stückchen Hans, diesmal leider Beiträge zu einer Krankengeschichte. Wie Sie daraus lesen, hat sich bei ihm in den letzten Tagen eine nervöse Störung entwickelt, die mich und meine Frau sehr beunruhigt, weil wir kein Mittel zu ihrer Beseitigung finden konnten. Ich erbitte mir die Erlaubnis, Sie morgen ... zu besuchen, habe Ihnen aber ... das verfügbare Material schriftlich aufgezeichnet.«
»Sexuelle Übererregung durch Zärtlichkeit der Mutter hat wohl den Grund gelegt, aber den Erreger der Störung weiß ich nicht anzugeben. Die Furcht, *daß ihn auf der Gasse ein Pferd beißen werde*, scheint irgendwie damit zusammenzuhängen, daß er durch einen großen Penis geschreckt ist – den großen Penis des Pferdes hat er, wie Sie aus einer früheren Aufzeichnung wissen, schon zeitig bemerkt, und er hat damals den Schluß gezogen, daß die Mama, weil sie so groß ist, einen Wiwimacher haben müsse wie ein Pferd.«
»Brauchbares weiß ich damit nicht anzufangen. Hat er irgendwo einen Exhibitionisten gesehen? Oder knüpft das Ganze nur an die Mutter an? Es ist uns nicht angenehm, daß er schon jetzt anfängt Rätsel aufzugeben. Abgesehen von der Furcht auf die Gasse zu gehen und der abendlichen Verstimmung ist er übrigens ganz der Alte, lustig, heiter.«
Wir wollen uns weder die begreiflichen Sorgen noch die ersten Erklärungsversuche des Vaters zu eigen machen, sondern uns zunächst das mitgeteilte Material beschauen. Es ist gar nicht unsere Aufgabe, einen Krankheitsfall gleich zu »verstehen«, dies kann erst später gelingen, wenn wir uns genug Eindrücke von ihm geholt haben. Vorläufig lassen wir unser Urteil in Schwebe und nehmen alles zu Beobachtende mit gleicher Aufmerksamkeit hin.
Die ersten Mitteilungen aber, die aus den ersten Jännertagen dieses Jahres, 1908, stammen, lauten:
»Hans (4¾ Jahre) kommt morgens weinend auf und sagt der Mama auf die Frage, warum er weine: »Wie ich geschla-

fen hab', hab' ich gedacht, du bist fort und ich hab' keine Mammi zum Schmeicheln (= liebkosen)!«

»Also ein Angsttraum.«

»Etwas Ähnliches habe ich schon im Sommer in Gmunden bemerkt. Er wurde abends im Bette meist sehr weich gestimmt und machte einmal die Bemerkung (ungefähr): wenn ich aber keine Mammi hab', wenn du fortgehst, oder ähnlich; ich habe den Wortlaut nicht in Erinnerung. Wenn er in einer solchen elegischen Stimmung war, wurde er leider immer von der Mama ins Bett genommen.«

»Etwa am 5. Jänner kam er früh zur Mama ins Bett und sagte bei diesem Anlasse: »Weißt du, was Tante M. gesagt hat: »Er hat aber ein liebes Pischl[1].« (Tante M. hatte vor 4 Wochen bei uns gewohnt; sie sah einmal zu, wie meine Frau den Knaben badete, und sagte Obiges tatsächlich leise zu meiner Frau. Hans hat es gehört und suchte es zu verwerten.)«

»Am 7. Jänner geht er mit dem Kindermädchen wie gewöhnlich in den Stadtpark, fängt auf der Straße an zu weinen und verlangt, daß man mit ihm nach Hause gehe, er wolle mit der Mammi »schmeicheln«. Zu Hause befragt, weshalb er nicht weiter gehen wollte und geweint hat, will er es nicht sagen. Bis zum Abend ist er heiter wie gewöhnlich; abends bekommt er sichtlich Angst, weint und ist von der Mama nicht fortzubringen; er will wieder schmeicheln. Dann wird er wieder heiter und schläft gut.«

»Am 8. Jänner will die Frau selbst mit ihm spazieren gehen, um zu sehen, was mit ihm los ist, und zwar nach Schönbrunn, wohin er sehr gerne geht. Er fängt wieder an zu weinen, will nicht weggehen, fürchtet sich. Schließlich geht er doch, hat aber auf der Straße sichtlich Angst. Auf der Rückfahrt von Schönbrunn sagt er nach vielem Sträuben zur Mutter: *Ich hab' mich gefürchtet, daß mich ein Pferd beißen wird.* (Tatsächlich wurde er in Schönbrunn unruhig, als er ein Pferd sah.) Abends soll er wieder einen ähnlichen Anfall bekommen haben wie tags vorher, mit Verlangen zu

[1] Pischl – Genitale Liebkosungen der Kindergenitalien in Worten oder auch Tätlichkeiten von seiten zärtlicher Verwandter, mitunter auch der Eltern selbst, gehören zu den gewöhnlichsten Vorkommnissen, von denen die Psychoanalysen voll sind.

schmeicheln. Man beruhigt ihn. Er sagt weinend: »Ich weiß, ich werde morgen wieder spazieren gehen müssen,« und später: »Das Pferd wird ins Zimmer kommen.«
Am selben Tage fragt ihn die Mama: »Gibst du vielleicht die Hand zum Wiwimacher?« Darauf sagt er: »Ja jeden Abend, wenn ich im Bett bin.« Am nächsten Tage, 9. Jänner, wird er vor dem Nachmittagsschlaf gewarnt, die Hand zum Wiwimacher zu geben. Nach dem Aufwachen befragt, sagt er, er hat sie doch für kurze Zeit hingegeben.«
Dies wäre also der Anfang der Angst wie der Phobie. Wir merken ja, daß wir guten Grund haben, die beiden voneinander zu sondern. Das Material erscheint uns übrigens zur Orientierung vollkommen ausreichend und kein anderer Zeitpunkt ist dem Verständnisse so günstig wie ein solches, leider meist vernachlässigtes oder verschwiegenes Anfangsstadium. Die Störung setzt mit ängstlichzärtlichen Gedanken und dann mit einem Angsttraum ein. Inhalt des letzteren: Die Mutter zu verlieren, so daß er mit ihr nicht schmeicheln kann. Die Zärtlichkeit für die Mutter muß sich also enorm gesteigert haben. Dies das Grundphänomen des Zustandes. Erinnern wir uns noch zur Bestätigung der beiden Verführungsversuche, die er gegen die Mutter unternimmt, von denen der erste noch in den Sommer fällt, der zweite, knapp vor dem Ausbruche der Straßenangst, einfach eine Empfehlung seines Genitales enthält. Diese gesteigerte Zärtlichkeit für die Mutter ist es, die in Angst umschlägt, die, wie wir sagen, der Verdrängung unterliegt. Wir wissen noch nicht, woher der Anstoß zur Verdrängung stammt; vielleicht erfolgt sie bloß aus der für das Kind nicht zu bewältigenden Intensität der Regung, vielleicht wirken andere Mächte, die wir noch nicht erkennen, dabei mit. Wir werden es weiterhin erfahren. Diese, verdrängter erotischer Sehnsucht entsprechende, Angst ist zunächst wie jede Kinderangst objektlos, noch Angst und nicht Furcht. Das Kind kann nicht wissen, wovor es sich fürchtet, und wenn Hans auf dem ersten Spaziergange mit dem Mädchen nicht sagen will, wovor er sich fürchtet, so weiß er es eben noch nicht. Er sagt, was er weiß, daß ihm die Mama auf der Straße fehlt, mit der er schmeicheln kann, und daß er nicht von der Mama weg will. Er verrät da in aller

Aufrichtigkeit den ersten Sinn seiner Abneigung gegen die Straße.

Auch seine, an zwei Abenden hintereinander vor dem Schlafengehen wiederholten, ängstlichen und noch deutlich zärtlich getönten Zustände beweisen, daß zu Beginn der Erkrankung eine Phobie vor der Straße oder dem Spaziergange oder gar vor den Pferden noch gar nicht vorhanden ist. Der abendliche Zustand würde dann unerklärlich; wer denkt vor dem Zubettgehen an Straße und Spaziergang? Hingegen ist es vollkommen durchsichtig, daß er abends so ängstlich wird, wenn ihn vor dem Zubettgehen die Libido, deren Objekt die Mutter ist, und deren Ziel etwa sein könnte, bei der Mutter zu schlafen, verstärkt überfällt. Er hat doch die Erfahrung gemacht, daß die Mutter sich durch solche Stimmungen *in Gmunden* bewegen ließ, ihn in ihr Bett zu nehmen, und er möchte dasselbe hier in Wien erreichen. Nebenbei vergessen wir nicht daran, daß er in Gmunden zeitweise mit der Mutter allein war, da der Vater nicht die ganzen Ferien dort verbringen konnte; ferner daß sich dort seine Zärtlichkeit auf eine Reihe von Gespielen, Freunde, Freundinnen, verteilt hatte, die ihm hier abgingen, so daß die Libido wieder ungeteilt zur Mutter zurückkehren konnte.

Die Angst entspricht also verdrängter Sehnsucht, aber sie ist nicht dasselbe wie die Sehnsucht; die Verdrängung steht auch für etwas. Die Sehnsucht läßt sich voll in Befriedigung verwandeln, wenn man ihr das ersehnte Objekt zuführt; bei der Angst nützt diese Therapie nichts mehr, sie bleibt, auch wenn die Sehnsucht befriedigt sein könnte, sie ist nicht mehr voll in Libido zurückzuverwandeln; die Libido wird durch irgend etwas in der Verdrängung zurückgehalten[1]. Dies zeigt sich bei Hans auf dem nächsten Spaziergange, den die Mutter mit ihm macht. Er ist jetzt mit der Mutter und hat doch Angst, d. h. ungestillte Sehnsucht nach ihr. Freilich, die Angst ist geringer, er läßt sich ja doch zum Spaziergange bewegen, während er das Dienstmädchen zum Umkehren gezwungen hat; auch ist die Straße nicht der richtige Ort

[1] Ehrlich gesagt, wir heißen eben eine ängstlich-sehnsüchtige Empfindung von dem Momente an eine pathologische Angst, wenn sie nicht mehr durch die Zuführung des ersehnten Objektes aufzuheben ist.

fürs »Schmeicheln«, oder was der kleine Verliebte sonst möchte. Aber die Angst hat die Probe bestanden und muß jetzt ein Objekt finden. Auf diesem Spaziergange äußert er zunächst die Furcht, daß ihn ein Pferd beißen werde. Woher das Material dieser Phobie stammt? Wahrscheinlich aus jenen noch unbekannten Komplexen, die zur Verdrängung beigetragen haben und die Libido zur Mutter im verdrängten Zustand erhalten. Das ist noch ein Rätsel des Falles, dessen weitere Entwicklung wir nun verfolgen müssen, um die Lösung zu finden. Gewisse Anhaltspunkte, die wahrscheinlich verläßlich sind, hat uns der Vater schon gegeben, daß er die Pferde wegen ihrer großen Wiwimacher immer mit Interesse beobachtet, daß er angenommen, die Mama müsse einen Wiwimacher haben wie ein Pferd u. dgl. So könnte man meinen, das Pferd sei nur ein Ersatz für die Mama. Aber was soll es heißen, daß Hans am Abend die Furcht äußert, das Pferd werde ins Zimmer kommen? Eine dumme Angstidee eines kleinen Kindes, wird man sagen. Aber die Neurose sagt nichts Dummes, so wenig wie der Traum. Wir schimpfen immer dann, wenn wir nichts verstehen. Das heißt, sich die Aufgabe leicht machen.

Vor dieser Versuchung müssen wir uns noch in einem andern Punkte hüten. Hans hat gestanden, daß er sich jede Nacht vor dem Einschlafen zu Lustzwecken mit seinem Penis beschäftigt. Nun, wird der Praktiker gerne sagen, nun ist alles klar. Das Kind masturbiert, daher also die Angst. Gemach! Daß das Kind sich masturbatorisch Lustgefühle erzeugt, erklärt uns seine Angst keineswegs, macht sie vielmehr erst recht rätselhaft. Angstzustände werden nicht durch Masturbation, überhaupt nicht durch Befriedigung hervorgerufen. Nebenbei dürfen wir annehmen, daß unser Hans, der jetzt 4¾ Jahre alt ist, sich dieses Vergnügen gewiß schon seit einem Jahre (vgl. S. 16f) allabendlich gönnt, und werden erfahren, daß er sich gerade jetzt im Abgewöhnungskampfe befindet, was zur Verdrängung und Angstbildung besser paßt.

Auch für die gute und gewiß sehr besorgte Mutter müssen wir Partei nehmen. Der Vater beschuldigt sie, nicht ohne einen Schein von Recht, daß sie durch übergroße Zärtlichkeit und allzu häufige Bereitwilligkeit, das Kind ins Bett zu nehmen, den Ausbruch der Neurose herbeigeführt; wir könnten ihr ebensowohl den Vorwurf machen, daß sie durch ihre energische Abweisung seiner Werbungen (»das ist eine Schweinerei«) den Eintritt der Verdrängung beschleunigt habe. Aber sie spielt eine Schicksalsrolle und hat einen schweren Stand.

Ich verabrede mit dem Vater, daß er dem Knaben sagen solle, daß mit den Pferden sei eine Dummheit, weiter nichts. Die Wahrheit sei, daß er die Mama so gern habe und von ihr ins Bett genommen werden wolle. Weil ihn der Wiwimacher der Pferde so sehr interessiert habe, darum fürchte er sich jetzt vor den Pferden. Er habe gemerkt, es sei unrecht, sich mit dem Wiwimacher, auch mit dem eigenen, so intensiv zu beschäftigen, und das sei eine ganz richtige Einsicht. Ferner schlug ich dem Vater vor, den Weg der sexuellen Aufklärung zu betreten. Da wir nach der Vorgeschichte des Kleinen annehmen durften, seine Libido hafte am Wunsche, den Wiwimacher der Mama zu sehen, so solle er ihm dieses Ziel durch die Mitteilung entziehen, daß die Mama und alle anderen weiblichen Wesen, wie er ja von der Hanna wissen könne, – einen Wiwimacher überhaupt nicht besitzen. Letztere Aufklärung sei bei passender Gelegenheit im Anschlusse an irgend eine Frage oder Äußerung von Hans zu erteilen.

Die nächsten Nachrichten über unsern Hans umfassen die Zeit vom 1. bis 17. März. Die monatelange Pause wird bald ihre Erklärung finden.

»Der Aufklärung[1] folgt eine ruhigere Zeit, in der Hans ohne besondere Schwierigkeit zu bewegen ist, täglich in den Stadtpark spazieren zu gehen. Seine Furcht vor Pferden verwandelt sich mehr und mehr in den Zwang, auf Pferde hinzusehen. Er sagt: »Ich muß auf die Pferde sehen und dann fürchte ich mich.«

»Nach einer Influenza, die ihn für zwei Wochen ans Bett fesselt, verstärkt sich die Phobie wieder so sehr, daß er nicht zu bewegen ist, auszugehen; höchstens geht er auf den Balkon. Sonntags fährt er jede Woche mit mir nach Lainz[2],

[1] Was seine Angst bedeute; noch nichts über den Wiwimacher der Frauen.
[2] Vorort von Wien, wo die Großeltern wohnen.

weil an diesem Tage wenig Wagen auf der Straße zu sehen sind, und er zur Bahnstation nur einen kurzen Weg hat. In Lainz weigert er sich einmal, aus dem Garten heraus spazieren zu gehen, weil ein Wagen vor dem Garten steht. Nach einer weiteren Woche, die er zu Hause bleiben muß, weil ihm die Mandeln geschnitten wurden, verstärkt sich die Phobie wieder sehr. Er geht zwar auf den Balkon, aber nicht spazieren, d. h. er kehrt, wenn er zum Haustor kommt, rasch wieder um.«

»Sonntag, den 1. März entwickelt sich auf dem Wege zum Bahnhofe folgendes Gespräch: Ich suche ihm wieder zu erklären, daß Pferde nicht beißen. Er: »Aber weiße Pferde beißen; in Gmunden ist ein weißes Pferd, das beißt. Wenn man die Finger hinhält, beißt es.« (Es fällt mir auf, daß er sagt: die Finger anstatt: die Hand). Er erzählt dann folgende Geschichte, die ich hier zusammenhängend wiedergebe: »Wie die Lizzi hat wegfahren müssen, ist ein Wagen mit einem weißen Pferde vor ihrem Hause gestanden, das das Gepäck auf die Bahn bringen sollte. (Lizzi ist, wie er mir erzählt, ein Mäderl, das in einem Nachbarhause wohnte.) Ihr Vater ist nahe beim Pferde gestanden und das Pferd hat den Kopf hingewendet (um ihn zu berühren), und er hat zur Lizzi gesagt: *Gib nicht die Finger zum weißen Pferd, sonst beißt es dich.*« Ich sage darauf: »Du, mir scheint, das ist kein Pferd, was du meinst, sondern ein Wiwimacher, zu dem man nicht die Hand geben soll.«

Er: »Aber ein Wiwimacher beißt doch nicht.«

Ich: »Vielleicht doch,« worauf er mir lebhaft beweisen will, daß es wirklich ein weißes Pferd war[1].«

Am 2. März sage ich ihm, wie er sich wieder fürchtet: »Weißt du was? Die Dummheit« – so nennt er seine Phobie – wird schwächer werden, wenn du öfter spazieren gehst. Jetzt ist sie so stark, weil du nicht aus dem Hause herausgekommen bist, weil du krank warst.«

Er: »O nein, sie ist so stark, weil ich immer wieder die Hand zum Wiwimacher gebe jede Nacht.«

[1] Der Vater hat keinen Grund zu bezweifeln, daß Hans hier eine wirkliche Begebenheit erzählt hat. – Die Juckempfindungen an der Eichel, welche die Kinder zur Berührung veranlassen, werden übrigens in der Regel so beschrieben: Es *beißt* mich.

Arzt und Patient, Vater und Sohn, treffen sich also darin, der Onanieangewöhnung die Hauptrolle in der Pathogenese des gegenwärtigen Zustandes zuzuschieben. Es fehlt aber auch nicht an Anzeichen für die Bedeutung anderer Momente.

Am 3. März ist bei uns ein neues Mädchen eingetreten, das sein besonderes Wohlgefallen erregt. Da sie ihn beim Zimmerreinigen aufsitzen läßt, nennt er sie nur »mein Pferd« und hält sie immer am Rock, »Hüoh« rufend. Am 10. März etwa sagt er zu diesem Kindermädchen: »Wenn Sie das oder das tun, müssen Sie sich ganz ausziehen, auch das Hemd.« (Er meint, zur Strafe, aber es ist leicht, dahinter den Wunsch zu erkennen.)

Sie: »No, was ist da dran? So werd' ich mir denken, ich hab' kein Geld auf Kleider.«

Er: »Aber das ist doch eine Schande, da sieht man doch den Wiwimacher.«

Die alte Neugierde, auf ein neues Objekt geworfen, und wie es den Zeiten der Verdrängung zukommt, mit einer moralisierenden Tendenz verdeckt!

»Am 13. März früh sage ich zu Hans: »Weißt du, wenn du nicht mehr die Hand zum Wiwimacher gibst, wird die Dummheit schon schwächer werden.«

Hans: »Aber ich geb' die Hand nicht mehr zum Wiwimacher.«

Ich: »Aber du möchtest sie immer gern geben.«

Hans: »Ja, das schon, aber ›möchten‹ ist nicht ›tun‹, und ›tun‹ ist nicht ›möchten‹«.(!!)

Ich: »Damit du aber nicht möchtest, bekommst du heute einen Sack zum Schlafen.«

»Darauf gehen wir vors Haus. Er fürchtet sich zwar, sagt aber, durch die Aussicht auf die Erleichterung des Kampfes sichtlich gehoben: »No morgen, wenn ich den Sack haben werde, wird die Dummheit weg sein.« Er fürchtet sich tatsächlich vor Pferden *viel* weniger und läßt Wagen ziemlich ruhig vorüberfahren.«

»Am nächsten Sonntag, 15. März, hatte Hans versprochen, mit mir nach Lainz zu fahren. Er sträubt sich erst, endlich geht er doch mit mir. Auf der Gasse fühlt er sich, da wenige Wagen fahren, sichtlich wohl und sagte: »Das ist gescheit,

daß der liebe Gott das Pferd schon ausgelassen hat.« Auf dem Wege erkläre ich ihm, daß seine Schwester keinen Wiwimacher hat wie er. Mäderl und Frauen haben keinen Wiwimacher. Die Mammi hat keinen, die Anna nicht usw.«
Hans: »Hast du einen Wiwimacher?«
Ich: »Natürlich, was hast du denn geglaubt?«
Hans: (Nach einer Pause) »Wie machen aber Mäderl Wiwi, wenn sie keinen Wiwimacher haben?«
Ich: »Sie haben keinen solchen Wiwimacher wie du. Hast du noch nicht gesehen, wenn die Hanna gebadet worden ist?«
»Den ganzen Tag über ist er sehr lustig, fährt Schlitten usw. Erst gegen Abend wird er wieder verstimmt und scheint sich vor Pferden zu fürchten.«
»Abends ist der nervöse Anfall und das Bedürfnis nach Schmeicheln schwächer als an früheren Tagen. Am nächsten Tage wird er von der Mama in die Stadt mitgenommen, hat auf der Gasse große Furcht. Tags darauf bleibt er zu Hause und ist sehr lustig. Am nächsten Morgen kommt er gegen 6 Uhr ängstlich auf. Auf die Frage, was er habe, erzählt er: »Ich habe den Finger ganz wenig zum Wiwimacher gegeben. Da hab' ich die Mammi ganz nackt im Hemde gesehen und sie hat den Wiwimacher sehen lassen. Ich hab' der Grete[1], meiner Grete, gezeigt, was die Mama macht, und hab' ihr meinen Wiwimacher gezeigt. Dann hab' ich die Hand schnell vom Wiwimacher weggegeben.« Auf meinen Einwand, es kann nur heißen: im Hemd *oder* ganz nackt, sagt Hans: »Sie war im Hemd, aber das Hemd war so kurz, daß ich den Wiwimacher gesehen hab'.«
Das ganze ist kein Traum, sondern eine, übrigens einem Traume äquivalente Onanierphantasie. Was er die Mama tun läßt, dient offenbar zu seiner Rechtfertigung: »Wenn die Mammi den Wiwimacher zeigt, darf ich es auch.«
Wir können aus dieser Phantasie zweierlei ersehen, erstens, daß der Verweis der Mutter seinerzeit eine starke Wirkung auf ihn geübt hat, zweitens, daß die Aufklärung, Frauen

1 Grete ist eines der Gmundner Mäderl, von der Hans jetzt phantasiert; er spricht und spielt mit ihr.

hätten keinen Wiwimacher, von ihm zunächst nicht akzeptiert wird. Er bedauert es, daß es so sein soll, und hält in der Phantasie an ihm fest. Vielleicht hat er auch seine Gründe, dem Vater fürs erste den Glauben zu versagen.

Wochenbericht des Vaters: »Geehrter Herr Professor! Anbei folgt die Fortsetzung der Geschichte unseres Hans, ein ganz interessantes Stück. Vielleicht werde ich mir erlauben, Sie Montag in der Ordination aufzusuchen und womöglich Hans mitbringen – vorausgesetzt, daß er geht. Ich hab' ihn heute gefragt: »Willst du Montag mit mir zu dem Professor gehen, der dir die Dummheit wegnehmen kann?«
Er: »Nein.«
Ich: »Aber er hat ein sehr schönes Mäderl.« – Darauf hat er bereitwillig und freudig zugestimmt.«
»Sonntag, 22. März. Um das Sonntagsprogramm zu erweitern, schlage ich Hans vor, zuerst nach Schönbrunn zu fahren und erst mittags von dort nach Lainz. Er hat also nicht bloß den Weg von der Wohnung zur Stadtbahnstation Hauptzollamt zu Fuß zurückzulegen, sondern auch von der Station Hietzing nach Schönbrunn und von dort wieder zur Dampftramwaystation Hietzing, was er auch absolviert, indem er, wenn Pferde kommen, eiligst wegschaut, da ihm offenbar ängstlich zu Mute ist. Mit dem Wegschauen befolgt er einen Rat der Mama.«
»In Schönbrunn zeigt er Furcht vor Tieren, die er sonst furchtlos angesehen hat. So will er in das Haus, in dem sich die *Giraffe* befindet, absolut nicht hinein, will auch zum Elefanten nicht, der ihm sonst viel Spaß gemacht hat. Er fürchtet sich vor allen großen Tieren, während er sich bei den kleinen sehr unterhält. Unter den Vögeln fürchtet er diesmal auch den Pelikan, was er früher nie getan hat, offenbar auch wegen seiner Größe.«
»Ich sage ihm daraufhin: ›Weißt du, warum du dich vor den großen Tieren fürchtest? Große Tiere haben einen großen Wiwimacher, und du fürchtest dich eigentlich vor dem großen Wiwimacher.‹«

Hans: »Aber ich habe noch nie von den großen Tieren den Wiwimacher gesehen[1].«
Ich: »Aber vom Pferde doch und das Pferd ist auch ein großes Tier.«
Hans: »Oh, vom Pferd oft. Einmal in Gmunden, wie der Wagen vor dem Hause gestanden ist, einmal vor dem Hauptzollamt.«
Ich: »Wie du klein warst, bist du wahrscheinlich in Gmunden in einen Stall gegangen ...«
Hans (unterbrechend): »Ja, jeden Tag, wenn in Gmunden die Pferde nach Haus gekommen sind, bin ich in den Stall gegangen.«
Ich: » – und hast dich wahrscheinlich gefürchtet, wie du einmal den großen Wiwimacher vom Pferde gesehen hast, aber davor brauchst du dich nicht zu fürchten. Große Tiere haben große Wiwimacher, kleine Tiere kleine Wiwimacher.«
Hans: »Und alle Menschen haben Wiwimacher, und der Wiwimacher wächst mit mir, wenn ich größer werde; er ist ja angewachsen.«
»Damit schloß das Gespräch. In den folgenden Tagen scheint die Furcht wieder etwas größer; er traut sich kaum vors Haustor, wohin man ihn nach dem Essen führt.«
Hansens letzte Trostrede wirft ein Licht auf die Situation und gestattet uns, die Behauptungen des Vaters ein wenig zu korrigieren. Es ist wahr, daß er bei den großen Tieren Angst hat, weil er an deren großen Wiwimacher denken muß, aber man kann eigentlich nicht sagen, daß er sich vor dem großen Wiwimacher selbst fürchtet. Die Vorstellung eines solchen war ihm früher entschieden lustbetont, und er versuchte mit allem Eifer, sich dessen Anblick zu verschaffen. Dies Vergnügen ist ihm seither verleidet worden durch die allgemeine Verkehrung von Lust in Unlust, die – auf noch nicht aufgeklärte Weise – seine ganze Sexualforschung betroffen hat, und was uns deutlicher ist, durch gewisse Erfahrungen und Erwägungen, die zu peinlichen Ergebnissen führten. Aus seiner Tröstung: Der Wiwimacher wächst mit mir,

[1] Das ist falsch. Vergleiche seinen Ausruf beim Löwenkäfig, S. 18. Wahrscheinlich beginnendes Vergessen infolge der Verdrängung.

wenn ich größer werde, läßt sich schließen, daß er bei seinen Beobachtungen beständig verglichen hat und von der Größe seines eigenen Wiwimachers sehr unbefriedigt geblieben ist. An diesen Defekt erinnern ihn die großen Tiere, die ihm aus diesem Grunde unangenehm sind. Weil aber der ganze Gedankengang wahrscheinlich nicht klar bewußt werden kann, wandelt sich auch diese peinliche Empfindung in Angst, so daß seine gegenwärtige Angst sich auf der ehemaligen Lust wie auf der aktuellen Unlust aufbaut. Wenn einmal der Angstzustand hergestellt ist, so zehrt die Angst alle anderen Empfindungen auf; mit fortschreitender Verdrängung, je mehr die schon bewußt gewesenen affekttragenden Vorstellungen ins Unbewußte rücken, können sich alle Affekte in Angst verwandeln.

Die sonderbare Bemerkung Hansens: »er ist ja angewachsen,« läßt im Zusammenhange der Tröstung vieles erraten, was er nicht aussprechen kann, auch in dieser Analyse nicht ausgesprochen hat. Ich ergänze da ein Stück nach meinen Erfahrungen aus den Analysen Erwachsener, aber ich hoffe, die Einschaltung wird nicht als eine gewaltsame und willkürliche beurteilt werden. »Er ist ja angewachsen«: wenn das zum Trutze und Troste gedacht ist, so läßt es an die alte Drohung der Mutter denken, sie werde ihm den Wiwimacher abschneiden lassen, wenn er fortfahre, sich mit ihm zu beschäftigen. Diese Drohung blieb damals, als er 3¾ Jahre alt war, wirkungslos. Er antwortete ungerührt, dann werde er aber mit dem Popo Wiwi machen. Es wäre durchaus das typische Verhalten, wenn die Drohung mit der Kastration jetzt *nachträglich* zur Wirkung käme, und er jetzt, 1¼ Jahre später, unter der Angst stünde, das teure Stück seines Ichs einzubüßen. Man kann solche nachträglichen Wirkungen von Geboten und Drohungen in der Kindheit bei anderen Erkrankungsfällen beobachten, wo das Intervall ebensoviel Dezennien und mehr umfaßt. Ja, ich kenne Fälle, in denen der *»nachträgliche Gehorsam«* der Verdrängung den wesentlichen Anteil an der Determinierung der Krankheitssymptome hat.

Die Aufklärung, die Hans vor kurzem erhalten hat, daß Frauen wirklich keinen Wiwimacher haben, kann nur erschütternd auf sein Selbstvertrauen und erweckend auf den

Kastrationskomplex gewirkt haben. Darum sträubte er sich auch gegen sie, und darum blieb ein therapeutischer Erfolg dieser Mitteilung aus: Soll es also wirklich lebende Wesen geben, die keinen Wiwimacher besitzen? Dann wäre es ja nicht mehr so unglaublich, daß man ihm den Wiwimacher wegnehmen, ihn gleichsam zum Weibe machen könnte![1]

»In der Nacht vom 27. zum 28. überrascht uns Hans dadurch, daß er mitten im Dunkel aus seinem Bette aufsteht und zu uns ins Bett kommt. Sein Zimmer ist durch ein Kabinett von unserem Schlafzimmer getrennt. Wir fragen ihn, weshalb; ob er sich vielleicht gefürchtet habe. Er sagt: »Nein, ich werde es morgen sagen,« schläft in unserem Bette ein und wird dann in seines zurückgetragen.«

»Am nächsten Tage nehme ich ihn ins Gebet, um zu erfahren, weshalb er in der Nacht zu uns gekommen ist, und es entwickelt sich nach einigem Sträuben folgender Dialog, den ich sofort stenographisch festlege:

Er: »In der Nacht war eine große und eine zerwutzelte Giraffe im Zimmer, und die große hat geschrien, weil ich ihr die zerwutzelte weggenommen hab'. Dann hat sie aufgehört zu schreien, und dann hab' ich mich auf die zerwutzelte Giraffe draufgesetzt.«

Ich, befremdet: »Was? Eine zerwutzelte Giraffe? Wie war das?«

Er: »Ja.« (Holt schnell Papier, wutzelt es zusammen und sagt mir:) »So war sie zerwutzelt.«

Ich: »Und du hast dich auf die zerwutzelte Giraffe draufgesetzt? Wie?«

[1] Ich kann den Zusammenhang nicht so weit unterbrechen, um darzutun, wieviel Typisches an diesen unbewußten Gedankengängen ist, die ich hier dem kleinen Hans zumute. Der Kastrationskomplex ist die tiefste unbewußte Wurzel des Antisemitismus, denn schon in der Kinderstube hört der Knabe, daß dem Juden etwas am Penis – er meint, ein Stück des Penis – abgeschnitten werde, und dies gibt ihm das Recht, den Juden zu verachten. Auch die Überhebung über das Weib hat keine stärkere unbewußte Wurzel. *Weininger,* jener hochbegabte und sexuell gestörte junge Philosoph, der nach seinem merkwürdigen Buche »Geschlecht und Charakter« sein Leben durch Selbstmord beendigte, hat in einem vielbemerkten Kapitel den Juden und das Weib mit der gleichen Feindschaft bedacht und mit den nämlichen Schmähungen überhäuft. *Weininger* stand als Neurotiker völlig unter der Herrschaft infantiler Komplexe; die Beziehung zum Kastrationskomplex ist das dem Juden und dem Weibe dort Gemeinsame.

»Er zeigt mir's wieder, setzt sich auf die Erde.«
Ich: »Weshalb bist du ins Zimmer gekommen?«
Er: »Das weiß ich selber nicht.«
Ich: »Hast du dich gefürchtet?«
Er: »Nein, bestimmt nicht.«
Ich: »Hast du von den Giraffen geträumt?«
Er: »Nein, nicht geträumt; ich hab' mir's gedacht – das Ganze hab' ich mir gedacht – aufgekommen war ich schon früher.«
Ich: »Was soll das heißen: eine zerwutzelte Giraffe? Du weißt ja, daß man eine Giraffe nicht zusammendrücken kann wie ein Stück Papier.«
Er: »Ich weiß' ja. Ich hab's halt geglaubt. Es gibt's ja eh net auf der Welt.[1] Die zerwutzelte ist ganz gelegen auf dem Fußboden, und ich hab' sie weggenommen, mit den Händen genommen.«
Ich: »Was, so eine große Giraffe kann man mit den Händen nehmen?«
Er: »Die zerwutzelte hab' ich mit der Hand genommen.«
Ich: »Wo war die große unterdessen?«
Er: »Die große ist halt weiter weg gestanden.«
Ich: »Was hast du mit der zerwutzelten gemacht?«
Er: »Ich hab' sie ein bißchen in der Hand gehalten, bis die große zu schreien aufgehört hat, und wie die große zum schreien aufgehört hat, hab' ich mich draufgesetzt.«
Ich: »Weshalb hat die große geschrien?«
Er: »Weil ich ihr die kleine weggenommen hab'.« (Bemerkt, daß ich alles notiere, und fragt: »Weshalb schreibst du das auf?«)
Ich: »Weil ich es einem Professor schicke, der dir die ›Dummheit‹ wegnehmen kann.«
Er: »Aha, da hast du's doch auch aufgeschrieben, daß sich die Mammi das Hemd ausgezogen hat, und gibst das auch dem Professor.«
Ich: »Ja, der wird aber nicht verstehen, wie du glaubst, daß man eine Giraffe zerwutzeln kann.«
Er: »Sag' ihm halt, ich weiß es selber nicht, und da wird er nicht fragen; wenn er aber fragt, was die verwutzelte Giraffe

[1] Hans sagt es ganz bestimmt in seiner Sprache, es war eine Phantasie.

ist, kann er uns ja schreiben, und wir schreiben hin oder schreiben wir gleich, ich weiß es selber nicht.«

Ich: »Weshalb bist du aber in der Nacht gekommen?«

Er: »Das weiß ich nicht.«

Ich: »Sag' mir halt schnell, woran du jetzt denkst.«

Er (humoristisch): »An einen Himbeersaft.«
Ich: »Was noch?«
Er: »Ein Gewehr zum Totschießen.«[1] — Seine Wünsche

Ich: »Du hast es gewiß nicht geträumt?«

Er: »Sicher nicht; nein, ich weiß es ganz bestimmt.«

»Er erzählt weiter: »Die Mammi hat mich so lange gebeten, ich soll ihr sagen, weshalb ich in der Nacht gekommen bin. Ich hab's aber nicht sagen wollen, weil ich mich zuerst vor der Mammi geschämt hab'.«

Ich: »Weshalb?«

Er: »Das weiß ich nicht.«

»Tatsächlich hat ihn meine Frau den ganzen Vormittag inquiriert, bis er die Giraffengeschichte erzählt hat.«

Am selben Tage noch findet der Vater die Auflösung der Giraffenphantasie.

»Die große Giraffe bin ich, respektive der große Penis (der lange Hals), die zerwutzelte Giraffe meine Frau, respektive ihr Glied, was also der Erfolg der Aufklärung ist.«

»Giraffe: vide Ausflug nach Schönbrunn. Übrigens hat er ein Bild einer Giraffe und eines Elefanten über seinem Bette hängen.«

»Das Ganze ist die Reproduktion einer Szene, die sich fast jeden Morgen in den letzten Tagen abgespielt hat. Hans kommt in der Früh immer zu uns, und meine Frau kann es dann nicht unterlassen, ihn für einige Minuten zu sich ins Bett zu nehmen. Daraufhin fange ich immer an sie zu warnen, sie möge ihn nicht zu sich nehmen (»die große hat geschrien, weil ich ihr die zerwutzelte weggenommen hab'«), und sie erwidert hie und da, wohl gereizt, das sei doch ein Unsinn, die eine Minute sei doch irrelevant usw. Hans bleibt dann eine kurze Zeit bei ihr. (»Dann hat die

[1] Der Vater versucht hier in seiner Ratlosigkeit, die klassische Technik der Psychoanalyse zu üben. Diese führt nicht weit, aber was sie ergibt, kann doch im Licht späterer Eröffnungen sinnvoll werden.

große Giraffe aufgehört zu schreien und dann hab' ich mich auf die zerwutzelte Giraffe draufgesetzt.«)

»Die Lösung dieser ins Giraffenleben transponierten Eheszene ist also: er hat in der Nacht Sehnsucht nach der Mama bekommen, nach ihren Liebkosungen, ihrem Gliede, und ist deshalb ins Schlafzimmer gekommen. Das Ganze ist die Fortsetzung der Pferdefurcht.«

Ich weiß der scharfsinnigen Deutung des Vaters nur hinzuzufügen: »Das Drauf*setzen«* ist wahrscheinlich Hansens Darstellung des *Besitz*ergreifens. Das Ganze aber ist eine Trutzphantasie, die mit Befriedigung an den Sieg über den väterlichen Widerstand anknüpft. »Schrei, soviel du willst, die Mammi nimmt mich doch ins Bett und die Mammi gehört mir.« Es läßt sich also mit Recht hinter ihr erraten, was der Vater vermutet: die Angst, daß ihn die Mama nicht mag, weil sich sein Wiwimacher mit dem des Vaters nicht messen kann.

Am nächsten Morgen holt sich der Vater die Bestätigung seiner Deutung.

»Sonntag, 29. März, fahre ich mit Hans nach Lainz. In der Tür verabschiede ich mich von meiner Frau scherzhaft: »Adieu, große Giraffe.« Hans fragt: »Warum Giraffe?« Darauf ich: »Die Mammi ist die große Giraffe,« worauf Hans sagt: »Nicht wahr, und die Hanna ist die zerwutzelte Giraffe?«

»Auf der Bahn erkläre ich ihm die Giraffenphantasie, worauf er sagt: Ja, das ist richtig, und wie ich ihm sage, ich sei die große Giraffe, der lange Hals habe ihn an einen Wiwimacher erinnert, sagt er: »Die Mammi hat auch einen Hals wie eine Giraffe, das hab' ich gesehen, wie sie sich den weißen Hals gewaschen hat.«[1]

»Am Montag, 30. März, früh, kommt Hans zu mir und sagt:

»Du, heut hab' ich mir zwei Sachen gedacht. Die erste? Ich bin mit dir in Schönbrunn gewesen bei den Schafen, und dann sind wir unter den Stricken durchgekrochen, und das

[1] Hans bestätigt nur die Deutung der beiden Giraffen auf Vater und Mutter, nicht die sexuelle Symbolik, die in der Giraffe selbst eine Vertretung des Penis erblikken will. Wahrscheinlich hat diese Symbolik recht, aber von Hans kann man wahrlich nicht mehr verlangen.

haben wir dann dem Wachmanne beim Eingang des Gartens gesagt, und der hat uns zusammengepackt.« Das zweite hat er vergessen.

»Ich bemerke dazu: Als wir am Sonntag zu den Schafen gehen wollten, war dieser Raum durch einen Strick abgesperrt, so daß wir nicht hingehen konnten. Hans war sehr verwundert, daß man einen Raum nur mit einem Stricke absperrt, unter dem man doch leicht durchschlüpfen kann. Ich sagte ihm, anständige Menschen kriechen nicht unter den Strick. Er meinte, es ist ja ganz leicht, worauf ich erwiderte, es kann dann ein Wachmann kommen, der einen fortführt. Am Eingange von Schönbrunn steht ein Leibgardist, von dem ich Hans einmal gesagt habe, der arretiert schlimme Kinder.«

»Nach der Rückkehr von dem Besuche bei Ihnen, der am selben Tage vorfiel, beichtete Hans noch ein Stückchen Gelüste, Verbotenes zu tun. »Du, heut früh hab' ich mir wieder etwas gedacht.« »Was?« »Ich bin mit dir in der Eisenbahn gefahren und wir haben ein Fenster zerschlagen und der Wachmann hat uns mitgenommen.«

Die richtige Fortsetzung der Giraffenphantasie. Er ahnt, daß es verboten ist, sich in den Besitz der Mutter zu setzen; er ist auf die Inzestschranke gestoßen. Aber er hält es für verboten an sich. Bei den verbotenen Streichen, die er in der Phantasie ausführt, ist jedesmal der Vater dabei und wird mit ihm eingesperrt. Der Vater, meint er, tut doch auch jenes rätselhafte Verbotene mit der Mutter, das er sich durch etwas Gewalttätiges wie das Zerschlagen einer Fensterscheibe, durch das Eindringen in einen abgeschlossenen Raum, ersetzt.

An diesem Nachmittage besuchten mich Vater und Sohn in meiner ärztlichen Ordination. Ich kannte den drolligen Knirps schon und hatte ihn, der in seiner Selbstsicherheit doch so liebenswürdig war, jedesmal gern gesehen. Ob er sich meiner erinnerte, weiß ich nicht, aber er benahm sich tadellos, wie ein ganz vernünftiges Mitglied der menschlichen Gesellschaft. Die Konsultation war kurz. Der Vater knüpfte daran an, daß trotz aller Aufklärungen die Angst vor den Pferden sich noch nicht gemindert habe. Wir mußten uns auch eingestehen, daß die Beziehungen zwischen den Pferden, vor denen er sich ängstigte, und den aufgedeckten Regungen von Zärtlichkeit für die Mutter wenig ausgiebige waren. Details, wie ich sie jetzt erfuhr, daß ihn besonders geniere, was die Pferde vor den Augen haben, und das Schwarze um deren Mund, ließen sich von dem aus, was wir wußten, gewiß nicht erklären. Aber als ich die beiden so vor mir sitzen sah und dabei die Schilderung seiner Angstpferde hörte, schoß mir ein weiteres Stück der Auflösung durch den Sinn, von dem ich verstand, daß es gerade dem Vater entgehen konnte. Ich fragte Hans scherzend, ob seine Pferde Augengläser tragen, was er verneinte, dann ob sein Vater Augengläser trage, was er gegen alle Evidenz wiederum verneinte, ob er mit dem Schwarzen um den »Mund« den Schnurrbart meine, und eröffnete ihm dann, er fürchte sich vor seinem Vater, eben weil er die Mutter so lieb habe. Er müsse ja glauben, daß ihm der Vater darob böse sei, aber das sei nicht wahr, der Vater habe ihn doch gern, er könne ihm furchtlos alles bekennen. Lange, ehe er auf der Welt war, hätte ich schon gewußt, daß ein kleiner Hans kommen werde, der seine Mutter so lieb hätte, daß er sich darum vor dem Vater fürchten müßte, und hätte es seinem Vater erzählt. »Warum glaubst du denn, daß ich böse auf dich bin,« unterbrach mich hier der Vater, »habe ich dich denn je geschimpft oder geschlagen?« »O ja, du hast mich geschlagen,« verbesserte Hans. »Das ist nicht wahr. Wann denn?« »Heute Vormittag« mahnte der Kleine, und der Vater erinnerte sich, daß Hans ihn ganz unerwartet mit dem Kopfe in den Bauch gestoßen, worauf er ihm wie reflektorisch einen Schlag mit der Hand gegeben. Es war bemerkenswert, daß er dieses Detail nicht in den Zusammenhang der Neurose aufgenommen hatte; er verstand es aber jetzt als Ausdruck der feindseligen Disposition des Kleinen gegen ihn, vielleicht auch als Äußerung des Bedürfnisses, sich dafür eine Bestrafung zu holen.[1]

Auf dem Heimgange fragte Hans den Vater: »Spricht denn der Professor mit dem lieben Gott, daß er das alles vorher

[1] Der Knabe wiederholte diese Reaktion gegen den Vater später in deutlicherer und vollständigerer Weise, indem er dem Vater zuerst einen Schlag auf die Hand gab und dann dieselbe Hand zärtlich küßte.

wissen kann?« Ich wäre auf diese Anerkennung aus Kindermund außerordentlich stolz, wenn ich sie nicht durch meine scherzhaften Prahlereien selbst provoziert hätte. Ich erhielt von dieser Konsultation an fast täglich Berichte über die Veränderungen im Befinden des kleinen Patienten. Es stand nicht zu erwarten, daß er durch meine Mitteilung mit einem Schlage angstfrei werden könnte, aber es zeigte sich, daß ihm nun die Möglichkeit gegeben war, seine unbewußten Produktionen vorzubringen und seine Phobie abzuwickeln. Er führte von da an ein Programm aus, das ich seinem Vater im vorhinein mitteilen konnte.

»Am 2. April ist die *erste, wesentliche Besserung* festzustellen. Während er bisher nie zu bewegen war, für längere Zeit vors Haustor zu gehen, und immer, wenn Pferde kamen, mit allen Zeichen des Schreckens zurück ins Haus rannte, bleibt er diesmal eine Stunde vor dem Haustore, auch wenn Wagen vorüberfahren, was bei uns ziemlich häufig vorkommt. Hie und da läuft er, wenn er von ferne einen Wagen kommen sieht, ins Haus, kehrt jedoch sofort um, als ob er sich anders besinnen würde. Es ist jedenfalls nur ein Rest von Angst vorhanden und der Fortschritt seit der Aufklärung nicht zu verkennen.«

»Abends sagt er: »Wenn wir schon vors Haustor gehen, werden wir auch in den Stadtpark gehen.«

»Am 3. April kommt er früh zu mir ins Bett, während er die letzten Tage nicht mehr gekommen war und sogar stolz auf diese Enthaltung schien. Ich frage: »Weshalb bist du denn heute gekommen?«

Hans: »Bis ich mich nicht fürchten werde, werde ich nicht mehr kommen.«

Ich: »Du kommst also zu mir, weil du dich fürchtest?«

Hans: »Wenn ich nicht bei dir bin, fürchte ich mich; wenn ich nicht bei dir im Bette bin, da fürcht' ich mich. Bis ich mich nicht mehr fürchten werde, komme ich nicht mehr.«

Ich: »Du hast mich also gern und dir ist bange, wenn du früh in deinem Bette bist, deshalb kommst du zu mir?«

Hans: »Ja. Warum hast du mir gesagt, ich hab' die *Mammi* gern, und ich fürcht' mich deshalb, wenn ich *dich* gern hab'?«

Der Kleine zeigt hier eine wirklich überlegene Klarheit. Er

gibt zu erkennen, daß in ihm die Liebe zum Vater mit der Feindseligkeit gegen den Vater infolge seiner Nebenbuhlerrolle bei der Mutter ringt, und macht dem Vater den Vorwurf, daß er ihn bisher auf dieses Kräftespiel, das in Angst auslaufen mußte, nicht aufmerksam gemacht hat. Der Vater versteht ihn noch nicht ganz, denn er holt sich erst während dieser Unterhaltung die Überzeugung von der Feindseligkeit des Kleinen gegen ihn, die ich bei unserer Konsultation behauptet hatte. Das Folgende, das ich doch unverändert mitteile, ist eigentlich bedeutsamer für die Aufklärung des Vaters als für den kleinen Patienten.

»Diesen Einwand habe ich leider nicht sofort nach seiner Bedeutung aufgefaßt. Weil Hans die Mutter gerne hat, will er mich offenbar weghaben, dann ist er an Vaters Stelle. Dieser unterdrückte feindliche Wunsch wird zur Angst *um* den Vater, und er kommt früh zu mir, um zu sehen, ob ich fort bin. Ich habe das leider in diesem Momente noch nicht verstanden und sage ihm:

»Wenn du allein bist, ist dir halt bange nach mir und du kommst zu mir.«

Hans: »Wenn du weg bist, fürcht' ich mich, daß du nicht nach Hause kommst.«

Ich: »Hab' ich dir denn einmal gedroht, daß ich nicht nach Hause komme?«

Hans: »Du nicht, aber die Mammi. Die Mammi hat mir gesagt, daß sie nicht mehr kommt.« (Wahrscheinlich war er schlimm, und sie hat ihm mit dem Weggehen gedroht.)

Ich: »Das hat sie gesagt, weil du schlimm warst.«

Hans: »Ja.«

Ich: »Du fürchtest dich also, ich geh' weg, weil du schlimm warst, deshalb kommst du zu mir.«

»Beim Frühstücke stehe ich vom Tische auf, worauf Hans sagt: Vatti, *renn* mir nicht davon! Daß er »renn« anstatt »lauf« sagt, fällt mir auf und ich repliziere: »Oha, du fürchtest dich, das Pferd rennt dir davon.« Wozu er lacht.

Wir wissen, daß dieses Stück der Angst Hansens doppelt gefügt ist: Angst *vor* dem Vater und Angst *um* den Vater. Die erstere stammt von der Feindseligkeit gegen den Vater, die andere von dem Konflikt der Zärtlichkeit, die hier reaktionsweise übertrieben wird, mit der Feindseligkeit.

Der Vater setzt fort: »Das ist zweifellos der Anfang eines wichtigen Stückes. Daß er sich höchstens vors Haus traut, vom Hause aber nicht weggeht, daß er beim ersten Anfalle der Angst auf der Hälfte des Weges umkehrt, ist motiviert durch die Furcht, die Eltern nicht zu Hause zu treffen, weil sie weggegangen sind. Er klebt am Hause aus Liebe zur Mutter, er fürchtet sich, daß ich weggehe, aus feindlichen Wünschen gegen mich, dann wäre er der Vater.«

»Im Sommer bin ich wiederholt von Gmunden nach Wien weggefahren, weil es der Beruf erforderte, dann war er der Vater. Ich erinnere daran, daß die Pferdeangst an das Erlebnis in Gmunden anknüpft, als ein Pferd das Gepäck der Lizzi auf den Bahnhof bringen sollte. Der verdrängte Wunsch, ich solle auf den Bahnhof fahren, dann ist er mit der Mutter allein (»das Pferd soll wegfahren«), wird dann zur Angst vor dem Wegfahren der Pferde, und tatsächlich versetzt ihn nichts in größere Angst, als wenn aus dem unserer Wohnung gegenüberliegenden Hofe des Hauptzollamtes ein Wagen wegfährt, Pferde sich in Bewegung setzen.«

»Dieses neue Stück (feindselige Gesinnungen gegen den Vater) konnte erst herauskommen, nachdem er weiß, daß ich nicht böse bin, weil er die Mama so gerne hat.«

»Nachmittags gehe ich wieder mit ihm vors Haustor; er geht wieder vors Haus und bleibt auch daselbst, wenn Wagen fahren, nur bei einzelnen Wagen hat er Angst und läuft in den Hausflur. Er erklärt mir auch: »Nicht alle weißen Pferde beißen;« d. h.: durch die Analyse sind bereits einige weiße Pferde als ›Vatti‹ erkannt worden, die beißen nicht mehr, allein es bleiben noch andere zum Beißen.«

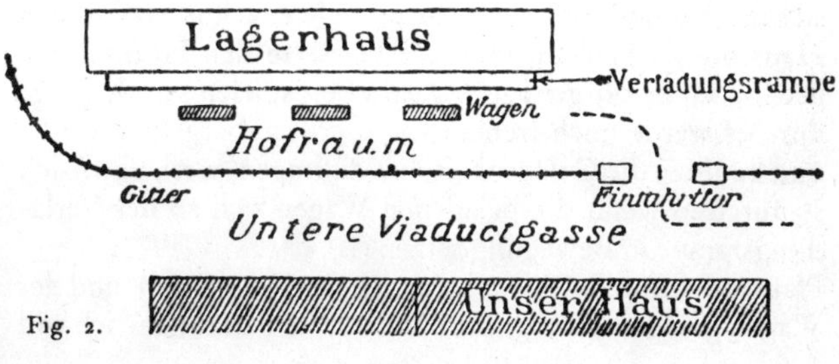

Fig. 2.

»Die Situation vor unserem Haustore ist folgende: Gegenüber ist das Lagerhaus des Verzehrungssteueramtes mit einer Verladungsrampe, wo den ganzen Tag über Wagen vorfahren, um Kisten u. dgl. abzuholen. Gegen die Straße sperrt ein Gitter diesen Hofraum. Vis-à-vis von unserer Wohnung ist das Einfahrtstor des Hofraumes (Fig. 2). Ich bemerke schon seit einigen Tagen, daß Hans sich besonders fürchtet, wenn Wagen aus dem Hofe heraus- oder hineinfahren, wobei sie eine Schwenkung machen müssen. Ich habe seinerzeit gefragt, warum er sich so fürchtet, worauf er sagt:
»Ich fürcht' mich, daß die Pferde umfallen, wenn der Wagen umwendet (A).« Ebensosehr fürchtet er sich, wenn Wagen, die bei der Verladungsrampe stehen, sich plötzlich in Bewegung setzen, um fortzufahren (B). Er fürchtet sich ferner (C) vor großen Lastpferden mehr als vor kleinen Pferden, vor bäuerischen Pferden mehr als vor eleganten (wie z. B. Fiaker-)Pferden. Auch fürchtet er sich mehr, wenn ein Wagen schnell vorüberfährt (D), als wenn die Pferde langsam dahertrotten. Diese Differenzierungen sind natürlich erst in den letzten Tagen deutlich hervorgetreten.«
Ich möchte sagen, infolge der Analyse hat nicht nur der Patient, sondern auch seine Phobie mehr Courage bekommen und wagt es sich zu zeigen.
»Am 5. April kommt Hans wieder ins Schlafzimmer und wird in sein Bett zurückgeschickt. Ich sage ihm: »Solange du früh ins Zimmer kommst, wird die Pferdeangst nicht besser werden.« Er trotzt aber und antwortet: »Ich werde doch kommen, auch wenn ich mich fürchte.« Er will sich also den Besuch bei der Mama nicht verbieten lassen.«
»Nach dem Frühstück sollen wir hinuntergehen. Hans freut sich sehr darauf und plant, anstatt wie gewöhnlich vor dem Haustore zu bleiben, über die Gasse in den Hofraum zu gehen, wo er oft genug Gassenbuben spielen sah. Ich sage ihm, es werde mich freuen, wenn er hinübergehen werde, und benütze die Gelegenheit, um zu fragen, weshalb er sich so fürchte, wenn die beladenen Wagen sich an der Verladungsrampe in Bewegung setzen (B).«
Hans: »Ich fürcht' mich, wenn ich am Wagen steh' und der Wagen geschwind wegfährt, und ich steh' drauf und ich will

dort auf das Brett gehen (die Verladungsrampe) und ich fahre mit dem Wagen weg.«
Ich: »Und wenn der Wagen steht? Dann fürchtest du dich nicht? Weshalb nicht?«
Hans: »Wenn der Wagen steht, geh' ich geschwind auf den Wagen und geh' auf das Brett.«
»(Hans plant also, über einen Wagen auf die Verladungsrampe zu klettern und fürchtet sich, daß der Wagen davonfährt, wenn er auf dem Wagen oben ist.)«

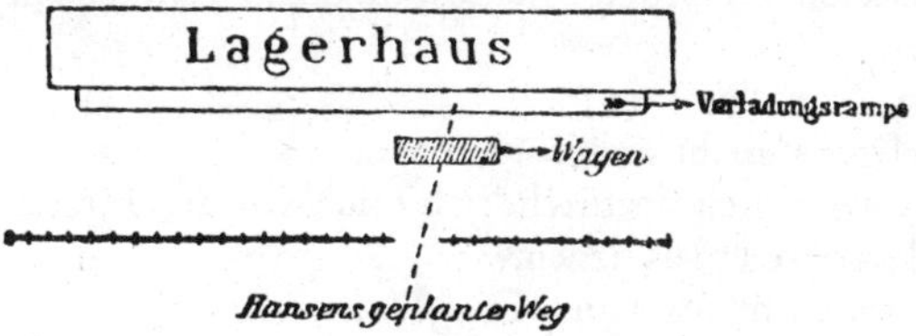

Fig. 3.

Ich: »Fürchtest du dich vielleicht, daß du nicht mehr nach Hause kommst, wenn du mit dem Wagen davonfährst?«
Hans: »O nein; ich kann ja immer noch zur Mama kommen, mit dem Wagen oder mit einem Fiaker. Ich kann ihm ja auch die Hausnummer sagen.«
Ich: »Also weshalb fürchtest du dich eigentlich?«
Hans: »Das weiß ich nicht, der Professor wird's aber wissen. Glaubst du, daß er es wissen wird?«
Ich: »Warum willst du eigentlich hinüber aufs Brett?«
Hans: »Weil ich noch nie drüben war, und da hab' ich so gern wollen dort sein, und weißt du, warum ich hab' wollen hingehen? Weil ich hab' wollen Gepäck aufladen und einladen und auf dem Gepäcke dort hab' ich wollen herumklettern. Da mag ich so gerne herumklettern. Weißt du, von wem ich das Herumklettern gelernt habe? Buben haben auf dem Gepäcke geklettert und das hab' ich auch gesehen und das will ich auch machen.«
»Sein Wunsch ging nicht in Erfüllung, denn wenn Hans sich auch wieder vors Haustor getraute, die wenigen Schritte über die Gasse in den Hofraum wecken in ihm

zu große Widerstände, weil im Hofe fortwährend Wagen fahren.«

Der Professor weiß auch nur, daß dieses beabsichtigte Spiel Hansens mit den beladenen Wagen in eine symbolische, ersetzende Beziehung zu einem andern Wunsche geraten sein muß, von dem er noch nichts geäußert hat. Aber dieser Wunsch ließe sich, wenn es nicht zu kühn schiene, schon jetzt konstruieren.

»Nachmittags gehen wir wieder vors Haustor und zurückgekehrt frage ich Hans:

»Vor welchen Pferden fürchtest du dich eigentlich am meisten?«

Hans: »Vor allen.«

Ich: »Das ist nicht wahr.«

Hans: »Am meisten fürcht' ich mich vor den Pferden, die am Munde so etwas haben.«

Ich: »Was meinst du? Das Eisen, das sie im Munde haben?«

Hans: »Nein, sie haben etwas Schwarzes am Munde (deckt seinen Mund mit der Hand zu).«

Ich: »Was, vielleicht einen Schnurrbart?«

Hans (lacht): »O nein.«

Ich: »Haben das alle?«

Hans: »Nein, nur einige.«

Ich: »Was ist das, was sie am Munde haben?«

Fig. 4.

Hans: »So etwas Schwarzes.« – »Ich glaube, es ist in der Realität das dicke Riemenzeug der Lastpferde über der Schnauze.« »Auch vor einem Möbelwagen fürcht' ich mich am meisten.«

Ich: »Warum?«

Hans: »Ich glaub', wenn die Möbelpferde einen schweren Wagen ziehen, fallen sie um.«

Ich: »Bei einem kleinen Wagen fürchtest du dich also nicht?«

Hans: »Nein, bei einem kleinen Wagen und einem Postwagen fürcht' ich mich nicht. Auch wenn ein Stellwagen kommt, fürcht' ich mich am meisten.«

Ich: »Warum, weil er so groß ist?«
Hans: »Nein, weil einmal bei so einem Wagen ein Pferd umgefallen ist.«
Ich: »Wann?«
Hans: »Einmal, wie ich mit der Mammi gegangen bin trotz der »Dummheit«, wie ich die Weste gekauft hab'.«
»(Dies wird nachträglich von der Mutter bestätigt.)«
Ich: »Was hast du dir gedacht, wie das Pferd umgefallen ist?«
Hans: »Das wird jetzt immer sein. Alle Pferde werden beim Stellwagen umfallen.«
Ich: »Bei jedem Stellwagen?«
Hans: »Ja! Und auch beim Möbelwagen. Beim Möbelwagen nicht so oft.«
Ich: »Du hast damals die Dummheit schon gehabt?«
Hans: »Nein, ich hab' sie erst gekriegt. Wie das Pferd vom Stellwagen umgefallen ist, hab' ich mich so sehr erschrokken, wirklich! Wie ich gegangen bin, hab' ich sie gekriegt.«
Ich: »Die Dummheit war doch, daß du dir gedacht hast, ein Pferd wird dich beißen, und jetzt sagst du, du hast dich gefürchtet, daß ein Pferd umfallen wird.«
Hans: »Umfallen und beißen wird.«[1]
Ich: »Weshalb bist du so erschrocken?«
Hans: »Weil das Pferd mit den Füßen so gemacht hat (legt sich auf die Erde hin und macht mir das Zappeln vor). Ich hab' mich erschrocken, *weil es einen ›Krawall‹ gemacht hat mit den Füßen.«*
Ich: »Wo warst du damals mit der Mammi?«
Hans: »Zuerst am Eislaufplatz, dann im Kaffeehause, dann eine Weste kaufen, dann beim Zuckerbäcker mit der Mammi und dann nach Hause am Abend; da sind wir durch den Stadtpark durchgegangen.«
»(Das alles wird von meiner Frau bestätigt, auch daß unmittelbar nachher die Angst ausgebrochen ist).«
Ich: »War das Pferd tot, wie es umgefallen ist?«

[1] Hans hat recht, so unwahrscheinlich diese Vereinigung auch klingt. Der Zusammenhang ist nämlich, wie sich zeigen wird, daß das Pferd (der Vater) ihn beißen werde wegen seines Wunsches, daß es (der Vater) umfallen möge.

Hans: »Ja!«
Ich: »Woher weißt du das?«
Hans: »Weil ich's gesehen hab' (lacht). Nein, es war gar nicht tot.«
Ich: »Vielleicht hast du dir gedacht, daß es tot ist.«
Hans: »Nein, gewiß nicht. Ich hab's nur im Spaße gesagt.«
»(Seine Miene war aber damals ernst.)«
»Da er müde ist, lasse ich ihn laufen. Er erzählt mir nur noch, daß er sich zuerst vor Stellwagenpferden, dann vor allem anderen und zuletzt erst vor Möbelwagenpferden gefürchtet habe.«
Auf dem Rückwege nach Lainz noch einige Fragen:
Ich: »Wie das Stellwagenpferd gefallen ist, was für Farbe hat es gehabt? Weiß, rot, braun, grau?«
Hans: »Schwarz, beide Pferde waren schwarz.«
Ich: »War es groß oder klein?«
Hans: »Groß.«
Ich: »Dick oder dünn?«
Hans: »Dick, sehr groß und dick.«
Ich: »Hast du, wie das Pferd gefallen ist, an den Vatti gedacht?«
Hans: »Vielleicht. Ja. Es ist möglich.«
Der Vater mag an manchen Stellen ohne Erfolg geforscht haben; aber es schadet nichts, eine solche Phobie, die man gerne nach ihrem neuen Objekte benennen möchte, aus der Nähe kennen zu lernen. Wir erfahren so, wie diffus sie eigentlich ist. Sie geht auf Pferde und auf Wagen, darauf, daß Pferde fallen, und daß sie beißen, auf Pferde besonderer Beschaffenheit, auf Wagen, die schwer beladen sind. Verraten wir gleich, daß alle diese Eigentümlichkeiten daher rühren, daß die Angst ursprünglich gar nicht den Pferden galt, sondern sekundär auf sie transponiert wurde und sich nun an den Stellen des Pferdekomplexes fixierte, die sich zu gewissen Übertragungen geeignet zeigten. Ein wesentliches Ergebnis der Inquisition des Vaters müssen wir besonders anerkennen. Wir haben den aktuellen Anlaß erfahren, nach welchem die Phobie ausbrach. Dies war, als der Knabe ein großes schweres Pferd fallen sah, und wenigstens eine der Deutung dieses Eindruckes scheint die vom Vater betonte zu sein, daß Hans damals den Wunsch verspürte, der Vater

möge so fallen – und tot sein. Die ernste Miene bei der Erzählung galt wohl diesem unbewußten Sinne. Ob nicht noch anderer Sinn sich dahinter verbirgt? Und was soll das Krawallmachen mit den Beinen bedeuten?

»Hans spielt seit einiger Zeit im Zimmer Pferd, rennt herum, fällt nieder, zappelt mit den Füßen, wiehert. Einmal bindet er sich ein Sackerl wie einen Futtersack um. Wiederholt läuft er auf mich zu und beißt mich.«
Er akzeptiert so die letzten Deutungen entschiedener als er es mit Worten kann, natürlich aber mit Rollenvertauschung, da das Spiel im Dienste einer Wunschphantasie steht. Also er ist das Pferd, er beißt den Vater, übrigens identifiziert er sich dabei mit dem Vater.
»Seit zwei Tagen bemerke ich, daß Hans sich in entschiedenster Weise gegen mich auflehnt, nicht frech, sondern ganz lustig. Ist es, weil er sich vor mir, dem Pferde, nicht mehr fürchtet?«
»6. April. Am Nachmittage mit Hans vor dem Hause. Ich frage ihn bei allen Pferden, ob er bei ihnen das »Schwarze am Munde« sieht; er verneint es bei allen. Ich frage ihn, wie das Schwarze eigentlich ausschaut; er sagt, es ist schwarzes Eisen. Meine erste Vermutung, er meine die dicken Lederriemen des Geschirres bei den Lastpferden, bestätigt sich also nicht. Ich frage, ob das »Schwarze« an einen Schnurrbart erinnert; er sagt: nur durch die Farbe. Was es in Wirklichkeit ist, weiß ich bis jetzt also nicht.«
»Die Furcht ist geringer; er wagt sich diesmal schon bis zum Nachbarhause, kehrt aber schnell um, wenn er in der Ferne Pferdetraben hört. Als ein Wagen bei unserem Haustore vorfährt und hält, gerät er in Angst und läuft ins Haus, da das Pferd mit dem Fuße scharrt. Ich frage ihn, weshalb er sich fürchte, ob er sich vielleicht ängstige, weil es so gemacht habe (stampfe mit dem Fuße auf). Er sagt: »Mach' doch keinen solchen Krawall mit den Füßen!« Vergleiche dazu die Äußerung über das gefallene Stellwagenpferd.«
»Besonders schreckt ihn das Vorüberfahren eines Möbelwagens. Er läuft dann ins Hausinnere. Ich frage ihn gleichgültig: »Sieht so ein Möbelwagen eigentlich nicht wie ein Stellwagen aus?« Er sagt nichts. Ich wiederhole die Frage. Er

sagt dann: »Na, natürlich, sonst würde ich mich nicht so vor einem Möbelwagen fürchten.«

»7. April. Heute frage ich wieder, wie das »Schwarze am Munde« der Pferde aussieht. Hans sagt: wie ein Maulkorb. Das Merkwürdige ist, daß seit 3 Tagen kein Pferd vorüberkommt, an dem er diesen »Maulkorb« konstatieren kann; ich selbst habe bei keinem Spaziergange ein solches Pferd gesehen, obzwar Hans beteuert, daß es solche gebe. Ich vermute, daß ihn wirklich eine Art von Kopfzäumung der Pferde – das dicke Riemenzeug um den Mund etwa – an einen Schnurrbart erinnert hat, und daß mit meiner Andeutung *auch* diese Furcht verschwunden ist.«

»Die Besserung Hansens ist konstant, der Radius seines Aktionskreises mit dem Haustore als Zentrum größer; er unternimmt sogar das für ihn bisher unmögliche Kunststück, aufs Trottoir vis-à-vis hinüberzulaufen. Alle Furcht, die übrig ist, hängt mit der Stellwagenszene zusammen, deren Sinn mir allerdings noch nicht klar ist.«

»9. April. Heute früh kommt Hans dazu, wie ich mich mit entblößtem Oberkörper wasche.«

Hans: »Vatti, du bist aber schön, so weiß!«

Ich: »Nicht wahr, wie ein weißes Pferd.«

Hans: »Nur der Schnurrbart ist schwarz (fortfahrend). Oder ist es vielleicht der schwarze Maulkorb?«

Ich erzähle ihm dann, daß ich am Abende vorher beim Professor war, und sage: »Der will einiges wissen«, worauf Hans: »Da bin ich aber neugierig.«

Ich sage ihm, ich weiß, bei welcher Gelegenheit er mit den Füßen Krawall macht. Er unterbricht mich: »Nicht wahr, wenn ich einen »Zurn« habe oder wenn ich *Lumpf* machen soll und lieber spielen will. (Im Zorne hat er allerdings die Gewohnheit, mit den Füßen Krawall zu machen, d. h.: aufzustampfen. – »Lumpf machen« bedeutet auf die große Seite gehen. Als Hans klein war, sagte er eines Tages, vom Topfe aufstehend: »Schau den Lumpf«. [Er meinte: Strumpf wegen der Form und der Farbe]. Diese Bezeichnung ist geblieben bis heute. – In ganz frühen Zeiten, wenn er auf den Topf gesetzt werden sollte und sich weigerte, das Spiel stehen zu lassen, stampfte er wütend mit den Füßen auf, zappelte und warf sich eventuell auch auf den Boden).

»Du zappelst auch mit den Füßen, wenn du Wiwimachen sollst und nicht gehen willst, weil du lieber spielen möchtest.«
Er: »Du, ich muß Wiwi machen« – und geht hinaus, wohl als Bestätigung.«
Der Vater hatte bei seinem Besuche die Frage an mich gerichtet, woran wohl das Zappeln mit den Füßen beim gefallenen Pferde Hans erinnert haben möchte, und ich hatte vorgebracht, daß dies wohl seine eigene Reaktion bei zurückgehaltenem Harndrange gewesen sein könnte. Das bestätigt nun Hans durch das Wiederauftreten des Harndranges im Gespräche und fügt noch andere Bedeutungen des Krawallmachens mit den Füßen hinzu.
»Dann gehen wir vors Haustor. Er sagt mir, als ein Kohlenwagen kommt: »Du, vor einem Kohlenwagen fürchte ich mich auch stark.« Ich: »Vielleicht, weil er auch so groß ist wie ein Stellwagen.« Hans: »Ja, und weil er so schwer beladen ist und die Pferde haben soviel zu ziehen und können leicht fallen. Wenn ein Wagen leer ist, fürcht' ich mich nicht.« Tatsächlich versetzt ihn, wie schon früher konstatiert, nur Schwerfuhrwerk in Angst.«
Bei alledem ist die Situation recht undurchsichtig. Die Analyse macht wenig Fortschritte; ihre Darstellung fürchte ich, wird dem Leser bald langweilig werden. Indes, es gibt in jeder Psychoanalyse solche dunklen Zeiten. Hans begibt sich jetzt bald auf ein von uns nicht in Erwartung gezogenes Gebiet.

»Ich komme nach Hause und spreche mit meiner Frau, die verschiedene Einkäufe gemacht hat und sie mir zeigt. Darunter ist eine gelbe Unterhose. Hans sagt einige Male: »Pfui!«, wirft sich auf die Erde und spuckt aus. Meine Frau sagt, er habe das schon einige Male getan, sowie er die Hose gesehen habe.«
Ich frage: »Warum sagst du Pfui?«
Hans: »Wegen der Hose.«
Ich: »Warum, wegen der Farbe, weil sie gelb ist und an Wiwi oder an Lumpf erinnert?«
Hans: »Lumpf ist ja nicht gelb, er ist weiß oder schwarz.« - Unmittelbar darauf: »Du, macht man leicht Lumpf, wenn

man Käse ißt? (Das hatte ich einmal gesagt, als er mich fragte, wozu ich Käse esse).«

Ich: »Ja.«

Hans: »Deshalb gehst du immer früh gleich Lumpf machen? Ich möchte so gerne Käse auf Brot essen.«

»Gestern schon fragte er mich, als er auf der Gasse herumsprang: »Du, nicht wahr, wenn man soviel herumspringt, macht man leicht Lumpf?« – Seit jeher macht sein Stuhlgang Schwierigkeiten, Kindermeth und Klystiere werden häufig gebraucht. Einmal war seine habituelle Verstopfung so stark, daß meine Frau Dr. L. um Rat fragte. Dieser meinte, Hans werde überfüttert, was ja auch stimmte, und empfahl mäßigere Kost, was den Zustand auch sofort behob. In der letzten Zeit trat Verstopfung wieder häufiger auf.«

»Nach dem Essen sage ich: »Wir werden dem Professor wieder schreiben«, und er diktierte mir: »Wie ich die gelbe Hose gesehen habe, habe ich gesagt: Pfui, da spei' ich, hab' mich niedergeworfen, hab' die Augen zugemacht und hab' nicht geschaut.«

Ich: »Warum?«

Hans: »Weil ich die gelbe Hose gesehen habe, und bei der schwarzen Hose[1] habe ich auch so etwas gemacht. Die schwarze ist auch so eine Hose, nur schwarz war sie.« (Sich unterbrechend). »Du, ich bin froh; wenn ich dem Professor schreiben kann, bin ich immer so froh.«

Ich: »Weshalb hast du Pfui gesagt? Hast du dich geekelt?«

Hans: »Ja, weil ich das gesehen hab'. Ich hab' geglaubt, ich muß Lumpf machen.«

Ich: »Warum?«

Hans: »Ich weiß nicht.«

Ich: »Wann hast du die schwarze Hose gesehen?«

Hans: »Einmal, wie die Anna (unser Mädchen) längst da war – bei der Mama – sie hat sie erst vom Kaufen nach Hause gebracht.« (Diese Angabe wird von meiner Frau bestätigt.)«

Ich: »Hast du dich auch geekelt?«

Hans: »Ja.«

[1] »Meine Frau ist seit einigen Wochen im Besitze einer schwarzen Reformhose für Radfahrpartien.«

Ich: »Hast du die *Mammi* in einer solchen Hose gesehen?«
Hans: »Nein.«
Ich: »Wenn sie sich angezogen hat?«
Hans: »Die gelbe hab ich' schon einmal gesehen, wie sie sie gekauft hat (Widerspruch! Wie die Mama die gelbe gekauft hat, hat er sie zum erstenmal gesehen). Die schwarze hat sie heute auch an (richtig!), weil ich gesehen hab' wie sie in der Früh sie sich ausgezogen hat.«
Ich: »Was? In der Früh hat sie sich die schwarze Hose ausgezogen?«
Hans: »In der Früh', wie sie weggegangen ist, hat sie sich die schwarze Hose ausgezogen, und wie sie gekommen ist, hat sie sich noch einmal die schwarze angezogen.«
»Ich frage meine Frau, weil mir dies unsinnig vorkommt. Sie sagt auch, das ist gar nicht wahr; sie hat beim Weggehen natürlich nicht die Hose gewechselt.«
»Ich frage Hans sofort: »Du hast doch erzählt, die Mammi hat sich eine schwarze Hose angezogen, und wie sie weggegangen ist, hat sie sie ausgezogen, und wie sie gekommen ist, hat sie sie noch einmal angezogen. Die Mammi sagt aber, das ist nicht wahr.«
Hans: »Mir scheint, ich hab' vielleicht vergessen, daß sie sie nicht ausgezogen hat. (Unwillig.) Laß' mich endlich in Ruh'.«
Zur Erläuterung dieser Hosengeschichte bemerke ich nun: Hans heuchelt offenbar, wenn er sich so froh stellt, daß er nun über diese Angelegenheit Rede stehen darf. Am Ende wirft er die Maske ab und wird grob gegen seinen Vater. Es handelt sich um Dinge, die ihm früher *viel Lust* bereitet haben, und deren er sich jetzt nach eingetretener Verdrängung sehr schämt, zu ekeln vorgibt. Er lügt geradezu, um den beobachteten Hosenwechsel der Mama andere Veranlassung unterzuschieben; in Wirklichkeit gehört das An- und Ausziehen der Hose in den »Lumpf«-Zusammenhang. Der Vater weiß genau, worauf es hier ankommt, und was Hans verbergen will.
»Ich frage meine Frau, ob Hans öfter dabei war, wenn sie sich aufs Klosett begab. Sie sagt: Ja, oft, er »penzt« so lange, bis sie es ihm erlaubt; das täten alle Kinder.«

Wir wollen uns aber die heute bereits verdrängte Lust, die Mama beim Lumpfmachen zu sehen, gut merken.

»Wir gehen vors Haus. Er ist sehr lustig, und wie er fortwährend gleichsam als Pferd herumhopst, frage ich: »Du, wer ist eigentlich ein Stellwagenpferd? Ich, du oder Mammi?«

Hans (sofort): »Ich, ich bin ein junges Pferd.«

»Als er in der stärksten Angstzeit Pferde springen sah, Angst hatte und mich fragte, warum sie das täten, sagte ich, um ihn zu beruhigen: »Weißt du, das sind junge Pferde, die springen halt wie die jungen Buben. Du springst ja auch und bist ein Bub.« Seither, wenn er Pferde springen sieht, sagt er: »Das ist wahr, das sind junge Pferde!«

»Auf der Treppe frage ich beim Heraufgehen fast gedankenlos: »Hast du in Gmunden mit den Kindern Pferdl gespielt?«

Er: »Ja! (Nachdenklich.) Mir scheint, da hab' ich die Dummheit gekriegt.«

Ich: »Wer war das Pferdl?«

Er: »Ich, und die Berta war der Kutscher.«

Ich: »Bist du vielleicht gefallen, wie du Pferdl warst?«

Hans: »Nein! Wenn die Berta gesagt hat: Hüh, bin ich schnell gelaufen, sogar gerannt.«[1]

Ich: »Stellwagen habt ihr nie gespielt?«

Hans: »Nein, gewöhnlichen Wagen und Pferd ohne Wagen. Wenn das Pferd einen Wagen hat, kann es ja auch ohne Wagen gehen und der Wagen kann ja zu Hause sein.«

Ich: »Habt ihr oft Pferdl gespielt?«

Hans: »Sehr oft. Der Fritzl (wie bekannt auch ein Hausherrnkind) ist auch einmal Pferdl gewesen und der Franzl Kutscher, und der Fritzl ist so stark gelaufen und auf einmal ist er auf einen Stein getreten und hat geblutet.«

Ich: »Ist er vielleicht gefallen?«

Hans: »Nein, er hat den Fuß in ein Wasser hineingegeben und dann hat er sich ein Tuch daraufgegeben.«[2]

Ich: »Warst du oft Pferd?«

[1] »Er hatte auch ein Pferdchenspiel mit Glöckchen.«

[2] Siehe darüber später. Der Vater vermutet ganz richtig, daß Fritzl damals gefallen ist.

Hans: »O ja.«
Ich: »Und da hast du die Dummheit gekriegt.«
Hans: »Weil sie immer gesagt haben: »wegen dem Pferd« und »wegen dem Pferd« (er betont das »wegen«), und so hab' ich vielleicht, weil sie so geredet haben »wegen dem Pferd«, hab ich vielleicht die Dummheit gekriegt.«[3]
Der Vater forscht eine Weile fruchtlos auf anderen Pfaden.
Ich: »Haben sie was erzählt vom Pferde?«
Hans: »Ja!«
Ich: »Was?«
Hans: »Ich hab's vergessen.«
Ich: »Haben sie vielleicht erzählt vom Wiwimacher?«
Hans: »O nein!«
Ich: »Hast du dich dort schon vor dem Pferde gefürchtet?«
Hans: »O nein, ich hab' mich gar nicht gefürchtet.«
Ich: »Hat vielleicht die Berta davon gesprochen, daß ein Pferd...«
Hans: (unterbrechend) »Wiwi macht? Nein!«
»Am 10. April knüpfe ich an das gestrige Gespräch an und will wissen, was das »wegen dem Pferde« bedeutet habe. Hans weiß sich nicht zu erinnern, er weiß nur, daß früh mehrere Kinder vor dem Haustore gestanden sind und »wegen dem Pferde, wegen dem Pferde« gesagt haben. Er selbst war dabei. Wie ich dringender werde, erklärt er, sie hätten gar nicht »wegen dem Pferde« gesagt, er habe sich falsch erinnert.«
Ich: »Ihr waret doch auch oft im Stalle, da habt ihr gewiß vom Pferde gesprochen.« – »Wir haben nicht gesprochen. – »Wovon habt ihr gesprochen?« – »Von nichts.« – »Soviel Kinder waret ihr und ihr habt von nichts gesprochen?« – »Etwas haben wir schon gesprochen, aber nicht vom

1 Ich erläutere, Hans will nicht behaupten, daß er *damals* die Dummheit gekriegt hat, sondern im *Zusammenhange* damit. Es muß ja wohl so zugehen, die Theorie fordert es, daß dasselbe einmal Gegenstand einer hohen Lust war, was heute das Objekt der Phobie ist. Und dann ergänze ich für ihn, was das Kind ja nicht zu sagen weiß, daß das Wörtchen *»wegen«* der Ausbreitung der Phobie vom Pferde auf die *Wagen* (oder wie Hans zu hören und zu sprechen gewohnt ist: *Wägen)* den Weg eröffnet hat. Man darf nie daran vergessen, um wieviel dinglicher das Kind die Worte behandelt als der Erwachsene, wie bedeutungsvoll ihm darum Wortgleichklänge sind.

Pferde.« – »Was denn?« – »Das weiß ich jetzt nicht mehr.«
»Ich lasse das fallen, weil die Widerstände offenbar zu groß sind,[1] und frage: »Mit der Berta hast du gern gespielt?«
Er: »Ja, sehr gern, mit der Olga nicht; weißt, was die Olga getan hat? Die Grete droben hat mir einmal einen Papierball geschenkt und die Olga hat ihn ganz zerrissen. Die Berta hätt' mir den Ball nie zerrissen. Mit der Berta hab' ich sehr gern gespielt.«
Ich: »Hast du gesehen, wie der Wiwimacher von der Berta aussieht?«
Er: »Nein, vom Pferde aber, weil ich immer im Stalle war, und da hab' ich vom Pferde den Wiwimacher gesehen.«
Ich: »Und da warst du neugierig, wie sieht der Wiwimacher von der Berta und von der Mammi aus?«
Er: »Ja!«
»Ich erinnere ihn daran, daß er mir einmal geklagt hat, die Mäderl wollen immer zuschauen, wenn er Wiwi macht.«
Er: »Die Berta hat mir auch immer zugeschaut (durchaus nicht gekränkt, sondern sehr befriedigt), öfters. Wo der kleine Garten ist, wo die Rettige sind, hab' ich Wiwi gemacht, und sie ist vor dem Haustore gestanden und hat hergeschaut.«
Ich: »Und wenn sie Wiwi gemacht hat, hast du zugeschaut?«
Er: »Sie ist ja aufs Klosett gegangen.«
Ich: »Und du warst neugierig?«
Er: »Ich war ja im Klosett drinnen, wenn sie drin war.«
»(Das stimmt; die Hausleute haben es uns einmal erzählt, und ich erinnere mich, wir haben es Hans verboten.)«
Ich: »Hast du ihr gesagt, du willst hineingehen?«
Er: »Ich bin allein hineingegangen und weil die Berta erlaubt hat. Es ist ja keine Schande.«
Ich: »Und du hättest gerne den Wiwimacher gesehen.«
Er: »Ja, ich hab' ihn aber nicht gesehen.«
»Ich erinnere ihn an den Gmundener Traum: Was soll das

[1] Es ist da nämlich nichts anderes zu holen als die Wortanknüpfung, die dem Vater entgeht. Ein gutes Beispiel von den Bedingungen, unter denen die analytische Bemühung fehlschlägt.

Pfand in meiner Hand usw., und frage: Hast du in Gmunden gewünscht, daß dich die Berta Wiwi machen lassen soll?«

Er: »Gesagt hab' ich ihr nie.«

Ich: »Warum hast du's ihr nie gesagt?«

Er: »Weil ich nicht daran gedenkt hab'. (Sich unterbrechend.) Wenn ich alles dem Professor schreib', wird die Dummheit sehr bald vorüber sein, nicht wahr?«

Ich: »Warum hast du gewünscht, daß die Berta dich Wiwi machen lassen soll?«

Er: »Ich weiß nicht. Weil sie zugeschaut hat.«

Ich: »Hast du dir gedacht, sie soll die Hand zum Wiwimacher geben?«

Er: »Ja. (Ablenkend). In Gmunden war's sehr lustig. In dem kleinen Garten, wo die Rettige drin sind, ist ein kleiner Sandhaufen, dort spiel' ich mit der Schaufel.«

»(Das ist der Garten, wo er immer Wiwi gemacht hat.)«

Ich: »Hast du in Gmunden, wenn du im Bette gelegen bist, die Hand zum Wiwimacher gegeben?«

Er: »Nein, noch nicht. In Gmunden hab' ich so gut geschlafen, daß ich gar nicht daran gedenkt hab'. Nur in der -gasse[1] und jetzt hab ich's getan.«

Ich: »Die Berta hat aber nie die Hand zu deinem Wiwimacher gegeben?«

Er: »Sie hat es nie getan, nein, weil ich ihr's nie gesagt hab'.«

Ich: »Wann hast du dir's denn gewünscht?«

Er: »Einen Tag halt in Gmunden.«

Ich: »Nur einmal?«

Er: »Ja, öfters.«

Ich: »Immer wenn du Wiwi gemacht hast, hat sie hergeschaut; sie war vielleicht neugierig, wie du Wiwi machen tust.«

Er: »Vielleicht war sie neugierig, wie mein Wiwimacher aussieht.«

Ich: »Du warst aber auch neugierig; nur auf die Berta?«

Er: »Auf die Berta, auf die Olga.«

Ich: »Auf wen noch?«

[1] In der früheren Wohnung vor dem Umzuge.

Er: »Auf niemand andern.«
Ich: »Das ist ja nicht wahr. Auf die Mammi auch.«
Er: »Auf die Mammi schon.«
Ich: »Jetzt bist du doch nicht mehr neugierig. Du weißt doch wie der Wiwimacher der Hanna ausschaut?«
Er: »Er wird aber wachsen, nicht?«[1]
Ich: »Ja gewiß, aber wann er wächst, wird er nicht ausschaun wie deiner.«
Er: »Das weiß ich. Er wird so sein [sc. wie er jetzt ist], nur größer.«
Ich: »Warst du neugierig in Gmunden, wenn die Mama sich ausgezogen hat?«
Er: »Ja, auch bei der Hanna beim Baden hab ich den Wiwimacher gesehen.«
Ich: »Bei der Mammi auch?«
Er: »Nein!«
Ich: »Du hast dich geekelt, wenn du die Hose von der Mammi gesehen hast.«
Er: »Nur wenn ich die schwarze gesehen hab', wenn sie sie gekauft hat, dann spei ich, aber wenn sie sich die Hose anzieht oder auszieht, dann spei ich nicht. *Dann spei ich, weil die schwarze Hose doch schwarz ist wie ein Lumpf und die gelbe wie ein Wiwi, und da glaub' ich, ich muß Wiwi machen.* Wenn die Mammi die Hose trägt, dann seh' ich sie nicht, dann hat sie doch die Kleider vor.«
Ich: »Und wenn sie sich die Kleider auszieht?«
Er: »Dann spei ich nicht. Wenn sie aber neu ist, dann sieht sie aus wie ein Lumpf. Wenn sie alt ist, geht die Farbe herunter und sie wird schmutzig. Wenn man sie gekauft hat, ist sie ganz rein, zu Hause hat man sie schon schmutzig gemacht. Wenn sie gekauft ist, ist sie neu, und wenn sie nicht gekauft ist, ist sie alt.«
Ich: »Vor der alten ekelt dich also nicht?«
Er: »Wenn sie alt ist, ist sie ja viel schwärzer als ein Lumpf nicht wahr? Ein bissel schwärzer ist sie.«[2]

[1] Er will die Sicherheit haben, daß sein eigener Wiwimacher wachsen wird.
[2] Unser Hans ringt da mit einem Thema, das er nicht darzustellen weiß, und wir haben es schwer, ihn zu verstehen. Vielleicht meint er, daß die Hosen die Ekelerinnerung nur dann erwecken, wenn er sie für sich sieht; sobald sie am Leibe der Mutter sind, bringt er sie nicht mehr mit Lumpf oder Wiwi in Zusammenhang, dann interessieren sie ihn in anderer Weise.

Ich: »Mit der Mammi warst du oft im Klosett?«
Er: »Sehr oft.«
Ich: »Da hast du dich geekelt?«
Er: »Ja . . . Nein!«
Ich: »Du bist gerne dabei, wenn die Mammi Wiwi oder Lumpf macht?«
Er: »Sehr gerne.«
Ich: »Warum so gerne?«
Er: »Das weiß ich nicht.«
Ich: »Weil du glaubst, daß du den Wiwimacher sehen wirst.«
Er: »Ja, das glaub' ich auch.«
Ich: »Warum willst du aber in Lainz nie ins Klosett gehen?«
»(Er bittet in Lainz immer, ich soll ihn nicht ins Klosett führen; er fürchtete sich einmal vor dem Lärme, den das herabstürzende Spülwasser macht.)«
Er: »Vielleicht, weil es einen Krawall macht, wenn man herunterzieht.«
Ich: »Da fürchtest du dich.«
Er: »Ja!«
Ich: »Und in unserem Klosett hier?«
Er: »Hier nicht. In Lainz erschreck ich, wenn du herunterläßt. Wenn ich drin bin und es geht herunter, dann erschrecke ich auch.«
Um mir zu zeigen, daß er sich in unserer Wohnung nicht fürchte, fordert er mich auf, ins Klosett zu gehen und die Wasserspülung in Bewegung zu setzen. Dann erklärt er mir:
»Zuerst ist ein starker, dann ein lockerer Krawall (wenn das Wasser herabstürzt). Wenn es einen starken Krawall macht, bleib' ich lieber drin, wenn es einen schwachen macht, geh' ich lieber hinaus.«
Ich: »Weil du dich fürchtest?«
Er: »Weil ich immer so gerne mag einen starken Krawall sehen (korrigiert sich), hören, und da bleib' ich lieber drin, daß ich ihn fest hör'.«
Ich: »Woran erinnert dich ein starker Krawall?«
Er: »Daß ich im Klosett Lumpf machen muß. (Also dasselbe wie die schwarze Hose.)«

Ich: »Warum?«
Er: »Ich weiß nicht. Ich weiß es, ein starker Krawall hört sich so an, wie wenn man Lumpf macht. Ein großer Krawall erinnert an Lumpf, ein kleiner an Wiwi (vgl. die schwarze und die gelbe Hose).«
Ich: »Du, hat das Stellwagenpferd nicht dieselbe Farbe gehabt wie ein Lumpf?« (Es war nach seiner Angabe schwarz.)
Er (sehr betroffen): »Ja!«
Ich muß da einige Worte einschalten. Der Vater fragt zu viel und forscht nach eigenen Vorsätzen, anstatt den Kleinen sich äußern zu lassen. Dadurch wird die Analyse undurchsichtig und unsicher. Hans geht seinen eigenen Weg und leistet nichts, wenn man ihn von diesem ablocken will. Sein Interesse ist jetzt offenbar bei Lumpf und Wiwi, wir wissen nicht, weshalb. Die Krawallgeschichte ist so wenig befriedigend aufgeklärt wie die mit der gelben und schwarzen Hose. Ich vermute, sein scharfes Ohr hat die Verschiedenheit der Geräusche, wenn ein Mann oder ein Weib uriniert, sehr wohl bemerkt. Die Analyse hat das Material aber etwas künstlich in den Gegensatz der beiden Bedürfnisse gepreßt. Dem Leser, der noch selbst keine Analyse gemacht hat, kann ich nur den Rat geben, nicht alles sogleich verstehen zu wollen, sondern allem, was kommt, eine gewisse unparteiische Aufmerksamkeit zu schenken und das Weitere abzuwarten.

»11. April. Heute früh kommt Hans wieder ins Zimmer und wird, wie in allen den letzten Tagen, hinausgewiesen.«
»Später erzählt er: »Du, ich hab mir was gedacht:
»Ich bin in der Badewanne,[1] *da kommt der Schlosser und schraubt sie los.*[2] *Da nimmt er einen großen Bohrer und stoßt mich in den Bauch.«*
Der Vater übersetzt sich diese Phantasie. »Ich bin im Bette bei der Mama. Da kommt der Papa und treibt mich weg. Mit seinem großen Penis verdrängt er mich von der Mama.«
Wir wollen unser Urteil noch aufgeschoben halten.

1 »Hans wird von der Mama gebadet.«
2 »Um sie in Reparatur zu nehmen.«

»Ferner erzählt er etwas zweites, was er sich ausgedacht: »Wir fahren im Zuge nach Gmunden. In der Station ziehen wir die Kleider an, werden damit aber nicht fertig und der Zug fährt mit uns davon.«

»Später frage ich: »Hast du schon einmal ein Pferd Lumpf machen gesehen?«

Hans: »Ja, sehr oft.«

Ich: »Macht es einen starken Krawall beim Lumpfmachen?«

Hans: »Ja!«

Ich: »An was erinnert dich der Krawall?«

Hans: »Wie wenn der Lumpf in den Topf fällt.«

»Das Stellwagenpferd, das umfällt und Krawall mit den Füßen macht, ist wohl – ein Lumpf, der herabfällt und dabei Geräusch macht. Die Furcht vor der Defäkation, die Furcht vor schwer beladenen Wagen ist überhaupt gleich der Furcht vor schwerbeladenem Bauche.«

Auf diesen Umwegen dämmert dem Vater der richtige Sachverhalt.

»11. April. Hans sagt beim Mittagessen: »Wenn wir nur in Gmunden eine Badewanne hätten, damit ich nicht in die Badeanstalt gehen muß.« Er wurde in Gmunden nämlich, um ihn warm zu baden, immer in die nahe gelegene Badeanstalt geführt, wogegen er mit heftigem Weinen zu protestieren pflegte. Auch in Wien schreit er immer, wenn er zum Baden in die große Wanne gesetzt wird. Er muß knieend oder stehend gebadet werden.«

Diese Rede Hansens, der nun anfängt, der Analyse durch selbständige Äußerungen Nahrung zu geben, stellt die Verbindung zwischen seinen beiden letzten Phantasien (vom Schlosser, der die Badewanne abschraubt, und von der mißglückten Reise nach Gmunden) her. Der Vater hatte mit Recht aus letzterer eine Abneigung gegen Gmunden erschlossen. Übrigens wieder eine gute Mahnung daran, daß man das aus dem Unbewußten Auftauchende nicht mit Hilfe des Vorhergegangenen, sondern des Nachkommenden zu verstehen hat.

»Ich frage ihn, ob und wovor er sich fürchtet.«

Hans: »Weil ich hineinfall'.«

Ich: »Warum hast du dich aber nie gefürchtet, wenn du in der kleinen Badewanne gebadet worden bist?«
Hans: »Da bin ich ja gesessen, da hab' ich mich nicht legen können, die war ja zu klein.«
Ich: »Wenn du in Gmunden Schinakel gefahren bist, hast du dich nicht gefürchtet, daß du ins Wasser fällst?«
Hans: »Nein, weil ich mich angehalten hab', und da kann ich nicht hineinfallen. Ich fürcht' mich nur in der großen Badewanne, daß ich hineinfall.«
Ich: »Da badet dich doch die Mama. Fürchtest du dich, daß dich die Mammi ins Wasser werfen wird?«
Hans: »Daß sie die Hände weggeben wird und ich falle ins Wasser mit dem Kopf.«
Ich: »Du weißt doch, die Mammi hat dich lieb, sie wird doch nicht die Hände weggeben.«
Hans: »Ich hab's halt geglaubt.«
Ich: »Warum?«
Hans: »Das weiß ich bestimmt nicht.«
Ich: »Vielleicht weil du schlimm warst und du geglaubt hast, daß sie dich nicht mehr gerne hat?«
Hans: »Ja!«
Ich: »Wenn du dabei warst, wie die Mammi die Hanna gebadet hat, hast du vielleicht gewünscht, sie soll die Hand loslassen, damit die Hanna hineinfällt?«
Hans: »Ja.«
Wir glauben, dies hat der Vater sehr richtig erraten.

12. April. »Auf der Rückfahrt von Lainz in der zweiten Klasse sagt Hans, wie er die schwarzen Lederpölster sieht: »Pfui, da spei ich, bei den schwarzen Hosen und den schwarzen Pferden spei ich auch, weil ich muß Lumpf machen.«
Ich: »Hast du vielleicht bei der Mammi etwas Schwarzes gesehen, was dich erschreckt hat?«
Hans: »Ja!«
Ich: »Was denn?«
Hans: »Ich weiß nicht. Eine schwarze Bluse oder schwarze Strümpfe.«
Ich: »Vielleicht beim Wiwimacher schwarze Haare, wenn du neugierig warst und hingeschaut hast.«

Hans (entschuldigend): »Aber den Wiwimacher hab' ich nicht gesehen.«
Als er sich wieder einmal fürchtete, wie aus dem Hoftor vis-à-vis ein Wagen fuhr, fragte ich: »Sieht dieses Tor nicht aus wie ein Podl?«
Er: »Und die Pferde sind die Lumpfe!« Seitdem sagt er immer, wenn er einen Wagen herausfahren sieht: »Schau, ein ›Lumpfi‹ kommt.« Die Form Lumpfi ist ihm sonst ganz fremd, sie klingt wie ein Kosewort. Meine Schwägerin heißt ihr Kind immer »Wumpfi«!
»Am 13. April sieht er in der Suppe ein Stück Leber und sagt: »Pfui, ein Lumpf«. Auch faschiertes Fleisch ißt er sichtlich ungern wegen der Form und Farbe, die ihn an einen Lumpf erinnern.«
»Abends erzählt meine Frau, Hans sei auf dem Balkon gewesen und habe dann gesagt: »Ich hab' gedacht, die Hanna ist am Balkon gewesen und ist hinuntergefallen.« Ich hatte ihm öfter gesagt, er soll, wenn die Hanna auf dem Balkon ist, achtgeben, daß sie nicht zu nah ans Geländer kommt, das von einem sezessionistischen Schlosser höchst ungeschickt – mit großen Öffnungen, die ich erst mit einem Drahtnetz verkleinern lassen mußte – konstruiert worden ist. Der verdrängte Wunsch Hansens ist sehr durchsichtig. Die Mama fragt ihn, ob es ihm lieber wäre, wenn die Hanna nicht da wäre, was er bejaht.«
»14. April. Das Thema Hanna steht im Vordergrund. Er hatte, wie aus früheren Aufzeichnungen erinnerlich, gegen das neugeborene Kind, das ihm einen Teil der Liebe der Eltern raubte, eine große Aversion, die auch jetzt noch nicht ganz verschwunden und durch übergroße Zärtlichkeit nur zum Teil überkompensiert ist.[1] Er äußerte sich öfter schon, der Storch solle kein Kind mehr bringen, wir sollen ihm Geld geben, daß er keines mehr *aus der großen Kiste,* worin die Kinder sind, bringe. (Vgl. die Furcht vor dem Möbelwagen. Sieht nicht ein Stellwagen wie eine große Kiste aus?) Die Hanna mache soviel Geschrei, das sei ihm lästig.«

[1] Wenn das Thema »Hanna« das Thema »Lumpf« direkt ablöst, so leuchtet uns der Grund dafür endlich ein. Die Hanna ist selbst ein »Lumpf«, Kinder sind Lumpfe!

»Einmal sagt er plötzlich: »Kannst du dich erinnern, wie die Hanna gekommen ist? Sie ist bei der Mammi im Bette gelegen, so lieb und brav.« (Dieses Lob hat verdächtig falsch geklungen!)«

»Dann unten vor dem Hause. Es ist abermals ein großer Fortschritt zu bemerken. Selbst Lastwagen flößen ihm geringere Furcht ein. Einmal ruft er fast freudig: »Da kommt ein Pferd mit was Schwarzem am Munde« und ich kann endlich konstatieren, daß es ein Pferd mit einem Maulkorbe aus Leder ist. Hans hat aber gar keine Angst vor diesem Pferde.«

»Einmal schlägt er mit seinem Stocke auf das Pflaster und fragt: »Du, ist da ein Mann unten . . . einer, der begraben ist . . ., oder gibt's das nur am Friedhofe?« Ihn beschäftigt also nicht nur das Rätsel des Lebens, sondern auch das des Todes.«

»Zurückgekehrt sehe ich eine Kiste im Vorzimmer stehen und Hans sagt: »Hanna ist in so einer Kiste nach Gmunden mitgefahren. Immer wenn wir nach Gmunden gefahren sind, ist sie mitgefahren in der Kiste. Du glaubst mir schon wieder nicht? Wirklich, Vatti. Glaub' mir. Wir haben eine große Kiste gekriegt und da sind lauter Kinder drin, in der Badewanne sitzen sie drin. (In der Kiste ist eine kleine Badewanne eingepackt worden.) Ich hab' sie hineingesetzt, wirklich. Ich kann mich gut erinnern.«[1]

Ich: »Was kannst du dich erinnern?«

Hans: »Daß die Hanna in der Kiste gefahren ist, weil ich's nicht vergessen hab'. Mein Ehrenwort!«

Ich: »Aber voriges Jahr ist doch die Hanna im Coupé mitgefahren.«

Hans: *»Aber immer früher ist sie in der Kiste mitgefahren.«*

Ich: »Hat die Mammi nicht die Kiste gehabt?«

Hans: »Ja, die Mammi hat sie gehabt!«

Ich: »Wo denn?«

Hans: »Zu Hause am Boden.«

[1] Er beginnt nun zu phantasieren. Wir erfahren, daß Kiste und Badewanne ihm das gleiche bedeuten, Vertretungen des Raumes, in dem sich die Kinder befinden. Beachten wir seine wiederholten Beteuerungen!

Ich: »Hat sie sie vielleicht mit sich herumgetragen?«[1]
Hans: »Nein! Wenn wir jetzt nach Gmunden fahren, wird die Hanna auch in der Kiste fahren.«
Ich: »Wie ist sie denn aus der Kiste herausgekommen?«
Hans: »Man hat sie herausgenommen.«
Ich: »Die Mammi?«
Hans: »Ich und die Mammi, dann sind wir in den Wagen eingestiegen und die Hanna ist am Pferde geritten und der Kutscher hat ›Hüöh‹ gesagt. Der Kutscher war am Bocke. Warst du mit? Die Mammi weiß es sogar. Die Mammi weiß es nicht, sie hat es schon wieder vergessen, aber nichts ihr sagen!«
»Ich lasse mir alles wiederholen.«
Hans: »Dann ist die Hanna ausgestiegen.«
Ich: »Sie hat noch gar nicht gehen können.«
Hans: »Wir haben sie dann heruntergehoben.«
Ich: »Wie hat sie denn am Pferde sitzen können, sie hat ja voriges Jahr noch gar nicht sitzen können.«
Hans: »O ja, sie hat schon gesessen und hat gerufen ›Hüöh‹ und gepeitscht ›Hüöh‹, ›hüöh‹ mit der Peitsche, die ich früher gehabt hab'. Das Pferd hat gar keinen Steigbügel gehabt und die Hanna hat geritten; Vatti, aber nicht im Spaße vielleicht.«
Was soll dieser hartnäckig festgehaltene Unsinn? Oh, es ist kein Unsinn, es ist Parodie und Hansens Rache an seinem Vater. Es heißt soviel als: *Kannst du mir zumuten, daß ich glauben soll, der Storch habe die Hanna im Oktober gebracht, wo ich doch den großen Leib der Mutter schon im Sommer, wie wir nach Gmunden gefahren sind, bemerkt hab', so kann ich verlangen, daß du mir meine Lügen glaubst.* Was kann die Behauptung, daß die Hanna schon im vorigen Sommer »in der Kiste« nach Gmunden mitgefahren ist, anderes bedeuten als sein Wissen um die Gravididät der Mutter? Daß er die Wiederholung dieser Fahrt in der Kiste für jedes folgende Jahr in Aussicht stellt, entspricht einer

[1] Die Kiste ist natürlich der Mutterleib. Der Vater will Hans andeuten, daß er dies versteht. Auch das Kästchen, in dem die Helden des Mythus ausgesetzt werden, vom König *Sargon von Agade* an, ist nichts anderes. – [Zusatz 1923:] Vgl. *Rank's* Studie: Der Mythus von der Geburt des Helden 1909 (zweite Auflage 1922).

häufigen Form des Auftauchens eines unbewußten Gedankens aus der Vergangenheit, oder es hat spezielle Gründe und drückt seine Angst aus, eine solche Gravididät zur nächsten Sommerreise wiederholt zu sehen. Wir haben jetzt auch erfahren, durch welchen Zusammenhang ihm die Reise nach Gmunden verleidet war, was seine zweite Phantasie andeutete.

»Später frage ich ihn, wie die Hanna nach ihrer Geburt eigentlich ins Bett der Mama gekommen ist.«

Da kann er nun loslegen und den Vater »frotzeln.«

Hans: »Die Hanna ist halt gekommen. Die Frau Kraus (die Hebamme) hat sie ins Bett gelegt. Sie hat ja nicht gehen können. Aber der Storch hat sie im Schnabel getragen. Gehen hat sie ja nicht können. (In einem Zuge fortfahrend). Der Storch ist bis im Gang gegangen auf der Stiegen und dann hat er geklopft und da haben alle geschlafen und er hat den richtigen Schlüssel gehabt und hat aufgesperrt und hat die Hanna in *dein*[1] Bett gelegt und die Mammi hat geschlafen – nein, der Storch hat sie in *ihr Bett* gelegt. Es war schon ganz Nacht, und dann hat sie der Storch ganz ruhig ins Bett gelegt, hat gar nicht gestrampelt, und dann hat er sich den Hut genommen, und dann ist er wieder weggegangen. Nein, Hut hat er nicht gehabt.«

Ich: »Wer hat sich den Hut genommen? Der Doktor vielleicht?«

Hans: »Dann ist der Storch weggegangen, nach Hause gegangen und dann hat er angeläutet und alle Leute im Hause haben nicht mehr geschlafen. Aber erzähl' das nicht der Mammi und der Tinni (der Köchin). Das ist Geheimnis!«

Ich: »Hast du die Hanna gerne?«

Hans: »O ja, sehr gerne.«

Ich: »Wäre es dir lieber, wenn die Hanna nicht auf die Welt gekommen wäre, oder ist es dir lieber, daß sie auf der Welt ist?«

Hans: »Mir wär' lieber, daß sie nicht auf die Welt gekommen wär'.«

[1] Hohn natürlich! Sowie die spätere Bitte, der Mama nichts von dem Geheimnis zu verraten.

Ich: »Warum?«
Hans: »Wenigstens schreit sie nicht so und ich kann das Schreien nicht aushalten.«
Ich: »Du schreist ja selbst.«
Hans: »Die Hanna schreit ja auch.«
Ich: »Warum kannst du es nicht aushalten?«
Hans: »Weil sie so stark schreit.«
Ich: »Aber sie schreit ja gar nicht.«
Hans: »Wenn man sie am nackten Popo haut, dann schreit sie.«
Ich: »Hast du sie einmal gehaut?«
Hans: »Wenn die Mammi sie auf den Popo haut, dann schreit sie.«
Ich: »Das hast du nicht gerne?«
Hans: »Nein ... Warum? Weil sie so einen Krawall macht mit dem Schreien.«
Ich: »Wenn du lieber hättest, daß sie nicht auf der Welt wär', hast du sie ja gar nicht gern.«
Hans: »Hm, hm (zustimmend).«
Ich: »Deshalb hast du gedacht, wenn die Mammi sie badet, wenn sie die Hände weggeben möcht', dann möchte sie ins Wasser fallen ...«
Hans (ergänzt): – »und sterben.«
Ich: »Und du wärst dann allein mit der Mammi. Und ein braver Bub' wünscht das doch nicht.«
Hans: *»Aber denken darf er's.«*
Ich: »Das ist aber nicht gut.«
Hans: *»Wenn er's denken tut, ist es doch gut, damit man's dem Professor schreibt.«*[1]
»Später sag' ich ihm: »Weißt du, wenn die Hanna größer sein wird und wird sprechen können, wirst du sie schon lieber haben.«
Hans: »O nein. Ich hab' sie ja lieb. Wenn sie im Herbst groß sein wird, werd' ich mit ihr ganz allein in den Stadtpark gehen und werd' ihr alles erklären.«
»Wie ich mit einer weiteren Aufklärung anfangen will, unterbricht er mich, wahrscheinlich, um mir zu erklären,

[1] Wacker, kleiner Hans! Ich wünschte mir bei keinem Erwachsenen ein besseres Verständnis der Psychoanalyse.

daß es nicht so schlimm ist, wenn er der Hanna den Tod wünscht.«
Hans: »Du, sie war doch schon längst auf der Welt, auch wie sie noch nicht da war. Beim Storche war sie doch auch auf der Welt.«
Ich: »Nein, beim Storche war sie vielleicht doch nicht.«
Hans: »Wer hat sie denn gebracht? Der Storch hat sie gehabt.«
Ich: »Woher hat er sie denn gebracht?«
Hans: »Na, von ihm.«
Ich: »Wo hat er sie denn gehabt?«
Hans: »In der Kiste, in der *Storchenkiste.«*
Ich: »Wie sieht denn die Kiste aus?«
Hans: »Rot. Rot angestrichen.« (Blut?)
Ich: »Wer hat dir's denn gesagt?«
Hans: »Die Mammi – ich hab' mir's gedacht – im Buche steht's.«
Ich: »In welchem Buche?«
Hans: »Im Bilderbuche.« (Ich lasse mir sein erstes Bilderbuch bringen. Dort ist ein Storchennest mit Störchen abgebildet auf einem roten Kamin. Das ist die Kiste; sonderbarerweise ist auf demselben Blatt ein Pferd zu sehen, das beschlagen wird. In die Kiste verlegt Hans die Kinder, da er sie im Neste nicht findet).
Ich: »Was hat denn der Storch mit ihr gemacht?«
Hans: »Dann hat er die Hanna hergebracht. Im Schnabel. Weißt, der Storch, der in Schönbrunn ist, der in den Schirm beißt.« (Reminiszenz an einen kleinen Vorfall in Schönbrunn).
Ich: »Hast du gesehen, wie der Storch die Hanna gebracht hat?«
Hans: »Du, da hab' ich doch noch geschlafen. In der Früh kann kein Storch ein Mäderl oder einen Buben bringen.«
Ich: »Warum?«
Hans: »Das kann er nicht. Das kann ein Storch nicht. Weißt warum? Daß die Leute nicht sehen, und auf einmal, wenn Früh ist, ist ein Mädel da.«[1]

[1] Man halte sich über Hansens Inkonsequenz nicht auf. Im vorigen Gespräch ist der Unglaube an den Storch aus seinem Unbewußten zum Vorschein gekommen, der mit seiner Erbitterung gegen den geheimtuerischen Vater verknüpft war.

Ich: »Du warst aber damals doch neugierig, wie das der Storch gemacht hat?«
Hans: »O ja!«
Ich: »Wie hat die Hanna ausgesehen, wie sie gekommen ist?«
Hans (falsch): »Ganz weiß und lieb. Wie goldig.«
Ich: »Wie du sie aber das erstemal gesehen hast, hat sie dir aber nicht gefallen.«
Hans: »O sehr!«
Ich: »Du warst doch überrascht, daß sie so klein ist?«
Hans: »Ja!«
Ich: »Wie klein war sie?«
Hans: »Wie ein junger Storch.«
Ich: »Wie war's noch? Wie ein Lumpf vielleicht?«
Hans: »O nein, ein Lumpf ist viel größer . . . bissel kleiner, wie die Hanna wirklich.«

Ich hatte dem Vater vorhergesagt, daß die Phobie des Kleinen sich auf die Gedanken und Wünsche aus Anlaß der Geburt des Schwesterchens werde zurückführen lassen, aber ich hatte versäumt, ihn aufmerksam zu machen, daß ein Kind ein »Lumpf« für die infantile Sexualtheorie sei, so daß Hans den Exkrementalkomplex passieren werde. Aus dieser meiner Nachlässigkeit entsprang die zeitweise Verdunkelung der Kur. Jetzt nach erfolgter Klärung versucht der Vater, Hans über diesen wichtigen Punkt ein zweitesmal zu vernehmen.

»Am nächsten Tage lasse ich mir die gestern erzählte Geschichte nochmals wiederholen. Hans erzählt: »Die Hanna ist in der großen Kiste nach Gmunden gefahren, und die Mammi im Coupé und die Hanna ist im Lastzuge mit der Kiste gefahren, und dann, wie wir in Gmunden waren, haben ich und die Mammi die Hanna herausgehoben, haben sie aufs Pferd gesetzt. Der Kutscher war am Bocke und die Hanna hat die vorige (vorjährige) Peitsche gehabt und hat das Pferd gepeitscht und hat immer gesagt: »Hüoh«, und das war immer lustig, und der Kutscher hat auch gepeitscht.

Jetzt ist er ruhiger geworden und antwortet mit offiziellen Gedanken, in denen er sich für die vielen mit der Storchhypothese verbundenen Schwierigkeiten Erklärungen zurecht gemacht hat.

– Der Kutscher hat gar nicht gepeitscht, weil die Hanna die Peitsche gehabt hat. – Der Kutscher hat die Zügel gehabt – auch die Zügel hat die Hanna gehabt (wir sind jedesmal mit einem Wagen von der Bahn zum Hause gefahren; Hans sucht hier Wirklichkeit und Phantasie in Übereinstimmung zu bringen). In Gmunden haben wir die Hanna vom Pferde heruntergehoben, und sie ist allein über die Stiege gegangen.« (Als Hanna voriges Jahr in Gmunden war, war sie 8 Monate alt. Ein Jahr früher, worauf sich offenbar Hans' Phantasie bezieht, waren bei der Ankunft in Gmunden 5 Monate der Gravidität verstrichen.)

Ich: »Das vorige Jahr war die Hanna schon da.«

Hans: »Voriges Jahr ist sie im Wagen gefahren, aber ein Jahr vorher, wie sie bei uns auf der Welt war . . .«

Ich: »Bei uns war sie schon?«

Hans: »Ja, du bist doch schon immer gekommen, mit mir Schinakel zu fahren, und die Anna hat dich bedient.«

Ich: »Das war aber nicht voriges Jahr, da war die Hanna noch gar nicht auf der Welt.«

Hans: »*Ja, da war sie auf der Welt.* Wie sie erst in der Kiste gefahren ist, hat sie schon laufen können, schon ›Anna‹ sagen.« (Das kann sie erst seit 4 Monaten).

Ich: »Aber da war sie doch noch gar nicht bei uns.«

Hans: »O ja, da war sie doch beim Storche.«

Ich: »Wie alt ist denn die Hanna?«

Hans: »Sie wird im Herbste 2 Jahre. Die Hanna war doch da, du weißt es doch.«

Ich: »Und wann war sie beim Storche in der Storchenkiste?«

Hans: »Schon lange, bevor sie in der Kiste gefahren ist. Schon sehr lange.«

Ich: »Wie lange kann denn die Hanna gehen? Wie sie in Gmunden war, hat sie noch nicht gehen können.«

Hans: »Voriges Jahr nicht, sonst schon.«

Ich: »Die Hanna war doch nur einmal in Gmunden.«

Hans: »Nein! Sie war zweimal; ja, das ist richtig. Ich kann mich sehr gut erinnern. Frag' nur die Mammi, die wird dir's schon sagen.«

Ich: »Das ist doch nicht wahr.«

Hans: »Ja, das ist wahr. *Wie sie in Gmunden das erstemal*

war, hat sie gehen und reiten können und später hat man sie tragen müssen. - Nein, später ist sie erst geritten und voriges Jahr hat man sie tragen müssen.«
Ich: »Sie geht aber doch erst ganz kurze Zeit. In Gmunden hat sie nicht gehen können.«
Hans: »Ja, schreib's nur auf. Ich kann mich ganz gut erinnern. – Warum lachst du?«
Ich: »Weil du ein Schwindler bist, weil du ganz gut weißt, daß die Hanna nur einmal in Gmunden war.«
Hans: »Nein, das ist nicht wahr. Das erstemal ist sie auf dem Pferde geritten . . . und das zweitemal (wird offenbar unsicher).«
Ich: »War das Pferd vielleicht die Mammi?«
Hans: »Nein, ein wirkliches Pferd, beim Einspänner.«
Ich: »Wir sind doch immer mit einem Zweispänner gefahren.«
Hans: »So war's halt ein Fiaker.«
Ich: »Was hat die Hanna in der Kiste gegessen?«
Hans: »Man hat ihr ein Butterbrot und Hering und Rettig (ein Gmundner Nachtmahl) hineingegeben, und daweil die Hanna gefahren ist, hat sie sich das Butterbrot aufgeschmiert und hat 50mal gegessen.«
Ich: »Hat die Hanna nicht geschrien?«
Hans: »Nein!«
Ich: »Was hat sie denn gemacht?«
Hans: »Ganz ruhig d'rin gesessen.«
Ich: »Hat sie nicht gestoßen?«
Hans: »Nein, sie hat fortwährend gegessen und hat sich nicht einmal gerührt. Zwei große Häfen Kaffee hat sie ausgetrunken – bis in der Früh war alles weg und den Mist hat sie in der Kiste gelassen, die Blätter von den zwei Rettigen und ein Messer zum Rettigschneiden; sie hat alles zusammengeputzt wie ein Has', in einer Minute und sie war fertig. Das war eine Hetz'. Ich und die Hanna bin sogar mitgefahren in der Kiste, ich hab' in der Kiste geschlafen die ganze Nacht (wir sind vor 2 Jahren tatsächlich in der Nacht nach Gmunden gefahren) und die Mammi ist im Coupé gefahren. Immer haben wir gegessen auch im Wagen, das war eine Gaude. – Sie ist gar nicht am Pferde geritten (er ist jetzt unsicher geworden, weil er weiß, daß wir im Zweispän-

ner gefahren sind) . . . sie ist im Wagen gesessen. Das ist das Richtige, aber ganz allein bin ich und die Hanna gefahren . . . die Mammi ist auf dem Pferde geritten, die Karolin' (unser Mädchen vom vorigen Jahre) auf dem andern . . . Du, was ich dir da erzähl', ist nicht einmal wahr.«
Ich: »Was ist nicht wahr?«
Hans: »Alles nicht. Du, wir setzen sie und mich in die Kiste[1] und ich werde in die Kiste Wiwi machen. Ich werd' halt in die Hosen Wiwi machen, liegt mir gar nichts d'ran, ist gar keine Schand'. Du, das ist aber kein Spaß, aber lustig ist es schon!«
»Er erzählt dann die Geschichte, wie der Storch gekommen ist, wie gestern, nur nicht, daß er beim Weggehen den Hut genommen hat.«
Ich: »Wo hat der Storch den Türschlüssel gehabt?«
Hans: »In der Tasche.«
Ich: »Wo hat denn der Storch eine Tasche?«
Hans: »Im Schnabel.«
Ich: »Im Schnabel hat er ihn gehabt! Ich hab' noch keinen Storch gesehen, der einen Schlüssel im Schnabel gehabt hat.«
Hans: »Wie hat er denn hineinkommen können? Wie kommt denn der Storch von der Tür hinein? Das ist ja nicht wahr, ich hab' mich nur geirrt, der Storch läutet an und jemand macht auf.«
Ich: »Wie läutet er denn?«
Hans: »Auf der Glocke.«
Ich: »Wie macht er das?«
Hans: »Er nimmt den Schnabel und drückt mit dem Schnabel an.«
Ich: »Und er hat die Tür wieder zugemacht?«
Hans: »Nein, ein Dienstmädchen hat sie zugemacht. Die war ja schon auf, die hat ihm aufgemacht und zugemacht.«
Ich: »Wo ist der Storch zu Hause?«
Hans: »Wo? In der Kiste, wo er die Mäderl hat. In Schönbrunn vielleicht.«
Ich: »Ich hab' in Schönbrunn keine Kiste gesehen.«

[1] Die Kiste für das Gmundner Gepäck, die im Vorzimmer steht.

Hans: »Die wird halt weiter weg sein. – Weißt, wie der Storch die Kiste aufmacht? Er nimmt den Schnabel – die Kiste hat auch einen Schlüssel – er nimmt den Schnabel und eins (eine Schnabelhälfte) läßt er auf und sperrt so auf (demonstriert es mir am Schreibtischschlosse). Das ist ja auch ein Henkel.«
Ich: »Ist so ein Mäderl nicht zu schwer für ihn?«
Hans: »O nein!«
Ich: »Du, sieht ein Stellwagen nicht wie eine Storchenkiste aus?«
Hans: »Ja!«
Ich: »Und ein Möbelwagen?«
Hans: »Ein Gsindelwerkwagen (Gsindelwerk: Schimpfwort für unartige Kinder) auch.«

»17. April. Gestern hat Hans seinen lange geplanten Vorsatz ausgeführt und ist in den Hof vis-à-vis hinübergegangen. Heute wollte er es nicht tun, weil gerade gegenüber dem Einfahrtstore ein Wagen an der Ausladerampe stand. Er sagte mir: »Wenn dort ein Wagen steht, so fürcht' ich mich, daß *ich die Pferde necken werde* und sie fallen um und machen mit den Füßen Krawall.«
Ich: »Wie neckt man denn Pferde?«
Hans: »Wenn man mit ihnen schimpft, dann neckt man sie, wenn man Hühü schreit.«[1]
Ich: »Hast du Pferde schon geneckt?«
Hans: »Ja, schon öfter. Fürchten tu ich mich, daß ich's tu, aber wahr ist es nicht.«
Ich: »Hast du schon in Gmunden Pferde geneckt?«
Hans: »Nein!«
Ich: »Du neckst aber gerne Pferde?«
Hans: »O ja, sehr gerne!«
Ich: »Möchtest du sie gerne peitschen?«
Hans: »Ja!«
Ich: »Möchtest du die Pferde so schlagen, wie die Mammi die Hanna? Das hast du ja auch gerne.«
Hans: »Den Pferden schadet es ja nichts, wenn man sie

1 »Es hat ihm oft große Furcht eingejagt, wenn Kutscher die Pferde schlugen und Hü schrien.«

schlägt. (So hab' ich ihm seinerzeit gesagt, um seine Furcht vor dem Peitschen der Pferde zu mäßigen). Ich hab's einmal wirklich getan. Ich hab' einmal die Peitsche gehabt und hab' das Pferd gepeitscht und es ist umgefallen und hat mit den Füßen Krawall gemacht.«

Ich: »Wann?«

Hans: »In Gmunden.«

Ich: »Ein wirkliches Pferd? Das am Wagen angespannt war?«

Hans: »Es war außer'm Wagen.«

Ich: »Wo war's denn?«

Hans: »Ich hab's halt gehalten, daß es nicht davonrennen soll.« (Das klang natürlich alles unwahrscheinlich).«

Ich: »Wo war das?«

Hans: »Beim Brunnen.«

Ich: »Wer hat's dir erlaubt? Hat's der Kutscher dort stehen lassen?«

Hans: »Halt ein Pferd vom Stalle.«

Ich: »Wie ist es zum Brunnen gekommen?«

Hans: »Ich hab's hingeführt.«

Ich: »Woher? Aus dem Stalle?«

Hans: »Ich hab's herausgeführt, weil ich es hab' wollen peitschen.«

Ich: »War im Stalle niemand?«

Hans: »O ja, der Loisl (der Kutscher in Gmunden).«

Ich: »Hat er dir's erlaubt?«

Hans: »Ich hab' mit ihm lieb geredet und er hat gesagt, ich darf es tun.«

Ich: »Was hast du ihm gesagt?«

Hans: »Ob ich das Pferd nehmen darf und peitschen und schreien. Er hat gesagt, ja.«

Ich: »Hast du's viel gepeitscht?«

Hans: »*Was ich dir da erzähl', ist gar nicht wahr.*«

Ich: »Was ist davon wahr?«

Hans: »Nix ist davon wahr, das hab' ich dir nur im Spaße erzählt.«

Ich: »Du hast nie ein Pferd aus dem Stall geführt?«

Hans: »O nein!«

Ich: »Gewünscht hast du dir's.«

Hans: »O, gewünscht schon, gedacht hab' ich mir's.«

Ich: »In Gmunden?«
Hans: »Nein, erst hier. In der Früh hab' ich mir's schon gedacht, wie ich ganz angezogen war; nein, in der Früh im Bette.«
Ich: »Warum hast du mir's nie erzählt?«
Hans: »Ich hab' nicht d'ran gedacht.«
Ich: »Du hast dir's gedacht, weil du auf die Straßen gesehen hast.«
Hans: »Ja!«
Ich: »Wen möchtest du eigentlich gerne schlagen, die Mammi, die Hanna oder mich?«
Hans: »Die Mammi.«
Ich: »Warum?«
Hans: »Ich möcht' sie halt schlagen.«
Ich: »Wann hast du gesehen, daß jemand eine Mammi schlägt?«
Hans: »Ich hab's noch nie gesehen, in meinem Leben nie.«
Ich: »Und du möchtest es halt doch machen. Wie möchtest du das tun?«
Hans: »Mit dem Pracker.« (Mit dem Pracker droht die Mama öfter ihn zu schlagen).
»Für heute mußte ich das Gespräch abbrechen.«
»Auf der Gasse erklärte mir Hans: Stellwagen, Möbelwagen, Kohlenwagen seien Storchkistenwagen.«
Das heißt also: gravide Frauen. Die sadistische Anwandlung unmittelbar vorher kann nicht außer Zusammenhang mit unserem Thema sein.

»21. April. Heute Früh erzählt Hans, er habe sich gedacht: »Ein Zug war in Lainz und ich bin mit der Lainzer Großmama nach Hauptzollamt gefahren. Du warst noch nicht herunter von der Brücke und der zweite Zug war schon in St. Veit. Wie du heruntergekommen bist, war der Zug schon da und da sind wir eingestiegen.«
»(Gestern war Hans in Lainz. Um auf den Einsteigeperron zu kommen, muß man über eine Brücke gehen. Von dem Perron sieht man die Schienen entlang bis zur Station St. Veit. Die Sache ist etwas undeutlich. Ursprünglich hat sich Hans wohl gedacht: er ist mit dem ersten Zuge, den ich

versäumt habe, davongefahren, dann ist aus Unter-St. Veit ein zweiter Zug gekommen, mit dem ich nachgefahren bin. Ein Stück dieser Ausreißerphantasie hat er entstellt, so daß er schließlich sagt: Wir sind beide erst mit dem zweiten Zuge weggefahren.«

»Diese Phantasie steht in Beziehung zu der letzten ungedeuteten, die davon handelt, wir hätten in Gmunden zuviel Zeit verbraucht, um die Kleider in der Bahn anzuziehen, und der Zug wäre davongefahren).«

»Nachmittag vor dem Haus. Hans läuft plötzlich ins Haus, als ein Wagen mit zwei Pferden kommt, an dem ich nichts Außergewöhnliches bemerken kann. Ich frage ihn, was er hat. Er sagt: »Ich fürchte mich, weil die Pferde so stolz sind, daß sie umfallen.« (Die Pferde wurden vom Kutscher scharf am Zügel gehalten, so daß sie in kurzem Schritte gingen, die Köpfe hochhaltend – sie hatten wirklich einen stolzen Gang).«

»Ich frage ihn, wer denn eigentlich so stolz sei.«

Er: »Du, wenn ich ins Bett zur Mammi komm'.«

Ich: »Du wünschest also, ich soll umfallen?«

Er: »Ja, du sollst als Nackter (er meint: barfüßig wie seinerzeit Fritzl) auf einen Stein anstoßen und da soll Blut fließen und wenigstens kann ich mit der Mammi ein bißchen allein sein. Wenn du in die Wohnung heraufkommst, kann ich geschwind weglaufen von der Mammi, daß du's nicht siehst.«

Ich: »Kannst du dich erinnern, wer sich am Steine angestoßen hat?«

Er: »Ja, der Fritzl.«

Ich: »Wie der Fritzl hingefallen ist, was hast du dir gedacht?«[1]

Er: »Daß du am Steine hinfliegen sollst.«

Ich: »Du möchtest also gerne zur Mammi?«

Er: »Ja!«

Ich: »Weshalb schimpf' ich denn eigentlich?«

Er: »Das weiß ich nicht.« (!!)

Ich: »Warum?«

Er: »Weil du eifern tust.«

[1] Fritzl ist also tatsächlich gefallen, was er seinerzeit geleugnet hat.

Ich: »Das ist doch nicht wahr!«
Er: »Ja, das ist wahr, du tust eifern, das weiß ich. Das muß wahr sein.«
»Meine Erklärung, daß nur kleine Buben zur Mammi ins Bett kommen, große in ihrem eigenen Bett schlafen, hat ihm also nicht sehr imponiert.«
»Ich vermute, daß der Wunsch, das Pferd zu »necken« i. e. schlagen, anschreien, nicht, wie er angab, auf die Mama, sondern auf mich geht. Er hat die Mama wohl nur vorgeschoben, weil er mir das andere nicht eingestehen wollte. In den letzten Tagen ist er von besonderer Zärtlichkeit gegen mich.«
Mit der Überlegenheit, die man »nachträglich« so leicht erwirbt, wollen wir den Vater korrigieren, daß der Wunsch Hansens, das Pferd zu »necken«, doppelt gefügt ist, zusammengesetzt aus einem dunkeln, sadistischen Gelüste auf die Mutter und einem klaren Rachedrange gegen den Vater. Der letztere konnte nicht eher reproduziert werden, als bis im Zusammenhange des Graviditätskomplexes das erstere an die Reihe gekommen war. Bei der Bildung der Phobie aus den unbewußten Gedanken findet ja eine Verdichtung statt; darum kann der Weg der Analyse niemals den Entwicklungsgang der Neurose wiederholen.

»22. April. Heute Früh hat sich Hans wieder etwas gedacht: »Ein Gassenbube ist auf dem Wagerl gefahren und der Kondukteur ist gekommen und hat den Buben ganz nackt ausgezogen und bis in der Früh dort stehen lassen und in der Früh hat der Bub dem Kondukteur 50.000 Gulden gegeben, damit er mit dem Wagerl fahren darf.«
»(Vis-à-vis von uns fährt die Nordbahn. Auf einem Stockgeleise steht eine Draisine, auf der Hans einmal einen Gassenbuben fahren sah, was er auch tun wollte. Ich habe ihm gesagt, das dürfe man nicht, sonst käme der Kondukteur. Ein zweites Element der Phantasie ist der verdrängte Nacktheitswunsch).«
Wir merken schon seit einiger Zeit, daß Hansens Phantasie »im Zeichen des Verkehres« schafft und konsequenterweise vom Pferde, das den Wagen zieht, zur Eisenbahn fortschreitet. So gesellt sich ja auch zu jeder Straßenphobie mit der Zeit die Eisenbahnangst hinzu.

»Mittags höre ich, daß Hans den ganzen Vormittag mit einer Gummipuppe gespielt habe, die er Grete nannte. Er hat durch die Öffnung, in der einmal das kleine Blechpfeifchen befestigt war, ein kleines Taschenmesser hineingesteckt und ihr dann die Füße voneinandergerissen, um das Messer herausfallen zu lassen. Dem Kindermädchen sagte er, zwischen die Füße der Puppe zeigend: »Schau, hier ist der Wiwimacher!«

Ich: »Was hast du denn heute eigentlich mit der Puppe gespielt?«

Er: »Ich hab' die Füße auseinandergerissen, weißt warum? Weil ein Messerl drin war, was die Mammi gehabt hat. Das hab' ich hineingegeben, wo der Kopf quietscht, und dann hab' ich die Füß' auseinandergerissen und dort ist es hinausgegangen.«

Ich: »Weshalb hast du die Füße auseinandergerissen? Damit du den Wiwimacher sehen kannst?«

Er: »Er war ja auch zuerst da, da hab' ich ihn auch sehen können.«

Ich: »Weshalb hast du das Messer hineingegeben?«

Er: »Ich weiß es nicht.«

Ich: »Wie sieht denn das Messerl aus?«

»Er bringt es mir.«

Ich: »Hast du dir gedacht, es ist vielleicht ein kleines Kind?«

Er: »Nein, ich hab' mir gar nichts gedacht, aber der Storch hat, mir scheint, einmal ein kleines Kind gekriegt – oder wer.«

Ich: »Wann?«

Er: »Einmal. Ich hab's gehört, oder hab' ichs gar nicht gehört, oder hab' ich mich verredet?«

Ich: »Was heißt verredet?«

Er: »Es ist nicht wahr.«

Ich: »Alles, was man sagt, ist ein bissel wahr.«

Er: »No ja, ein bißchen.«

Ich (nach einem Übergange): »Wie hast du dir gedacht, kommen die Hendl auf die Welt?«

Er: »Der Storch läßt sie halt wachsen, der Storch laßt die Hendl wachsen, – nein, der liebe Gott.«

»Ich erkläre ihm, daß die Hendl Eier legen und aus den Eiern wieder Hendl kommen.«

»Hans lacht.«
Ich: »Warum lachst du?«
Er: »Weil mir's gefällt, was du mir da erzählst.«
»Er sagt, er habe das bereits gesehen.«
Ich: »Wo denn?«
Hans: »Bei dir!«
Ich: »Wo hab' ich ein Ei gelegt?«
Hans: »In Gmunden, ins Gras hast du ein Ei gelegt und auf einmal ist ein Hendl außigsprungen. Du hast einmal ein Ei gelegt, das weiß ich, das weiß ich ganz bestimmt. Weil mir's die Mammi gesagt hat.«
Ich: »Ich werde die Mammi fragen, ob das wahr ist.«
Hans: »Das ist gar nicht wahr, aber *ich* hab' schon einmal ein Ei gelegt, da ist ein Hendl außigsprungen.«
Ich: »Wo?«
Hans: »In Gmunden habe ich mich ins Gras gelegt, nein gekniet und da haben die Kinder gar nicht hergeschaut und auf einmal in der Früh hab' ich gesagt: Suchts, Kinder, gestern hab' ich ein Ei gelegt! Und auf einmal haben sie geschaut und auf einmal haben sie ein Ei gesehen und aus dem ist ein kleiner Hans gekommen. Was lachst du denn? Die Mammi weiß es nicht und die Karolin' weiß es nicht, weil niemand zugeschaut hat und auf einmal hab' ich ein Ei gelegt und auf einmal war's da. Wirklich. Vatti, wann wächst ein Hendl aus dem Ei? Wenn man es stehen läßt? Muß man das essen?«
»Ich erkläre ihm das.«
Hans: »No ja, lassen's wir bei der Henne, dann wächst ein Hendl. Packen wir's in die Kiste und lassen wir's nach Gmunden fahren.«
Hans hat die Leitung der Analyse mit einem kühnen Griffe an sich gerissen, da die Eltern mit den längst berechtigten Aufklärungen zögerten, und in einer glänzenden Symptomhandlung mitgeteilt: *»Seht ihr, so stelle ich mir eine Geburt vor.«* Was er dem Dienstmädchen über den Sinn seines Spieles mit der Puppe gesagt, war nicht aufrichtig; dem Vater gegenüber weist er es direkt ab, daß er nur den Wiwimacher sehen wollte. Nachdem ihm der Vater gleichsam als Abschlagszahlung die Entstehung der Hühnchen aus dem Ei erzählt hat, vereinigen sich seine Unbefriedigung,

sein Mißtrauen und sein Besserwissen zu einer herrlichen Persiflage, die sich in seinen letzten Worten zu einer deutlichen Anspielung auf die Geburt der Schwester steigert.

Ich: »Was hast du mit der Puppe gespielt?«

Hans: »Ich hab' ihr Grete gesagt.«

Ich: »Warum?«

Hans: »Weil ich ihr Grete gesagt hab'.«

Ich: »Wie hast du dich gespielt?«

Hans: »Ich hab' sie halt so gepflegt wie ein wirkliches Kind.«

Ich: »Möchtest du gerne ein kleines Mäderl haben?«

Hans: »O ja. Warum nicht? Ich mag eins kriegen, aber die Mammi darf keines kriegen, ich mag's nicht.«

»(Er hat sich schon oft so ausgesprochen. Er fürchtet durch ein drittes Kind noch weiter verkürzt zu werden).«

Ich: »Es bekommt doch nur eine Frau ein Kind.«

Hans: »Ich krieg ein Mäderl.«

Ich: »Wo kriegst du es denn her?«

Hans: »No, vom Storch. *Er nimmt das Mäderl heraus* und das Mäderl legt auf einmal ein Ei und aus dem Ei kommt dann noch eine Hanna heraus, noch eine Hanna. Aus der Hanna kommt noch eine Hanna. Nein, es kommt *eine* Hanna heraus.«

Ich: »Du möchtest gerne ein Mäderl haben.«

Hans: »*Ja, nächstes Jahr krieg' ich eins,* das wird auch Hanna heißen.«

Ich: »Warum soll denn die Mammi kein Mäderl bekommen?«

Hans: »Weil ich einmal ein Mäderl mag.«

Ich: »Du kannst aber kein Mäderl bekommen.«

Hans: »O ja, ein Bub kriegt ein Mäderl und ein Mäderl kriegt einen Buben.«[1]

Ich: »Ein Bub bekommt keine Kinder. Kinder bekommen nur Frauen, Mammis.«

Hans: »Warum denn ich nicht?«

Ich: »Weil der liebe Gott es so eingerichtet hat.«

Hans: »Warum kriegst denn du keines? O ja, du wirst schon eins kriegen, nur warten.«

[1] Wiederum ein Stück infantiler Sexualtheorie mit ungeahntem Sinne.

Ich: »Da kann ich lang warten.«
Hans: »Ich gehör' doch dir.«
Ich: »Aber die Mammi hat dich auf die Welt gebracht. Du gehörst dann der Mammi und mir.«
Hans: »Gehört die Hanna mir oder der Mammi?«
Ich: »Der Mammi.«
Hans: »Nein, mir. *Warum denn nicht mir und der Mammi?*«
Ich: »Die Hanna gehört mir, der Mammi und dir.«
Hans: »Na also!«
Ein wesentliches Stück fehlt natürlich dem Kinde im Verständnisse der Sexualbeziehungen, solange das weibliche Genitale unentdeckt ist.

»Am 24. April wird Hans von mir und meiner Frau soweit aufgeklärt, daß Kinder in der Mammi wachsen und dann, was große Schmerzen bereite, mittels Drückens wie ein »Lumpf« in die Welt gesetzt werden.«
»Nachmittags sind wir vor dem Haus. Es ist bei ihm eine sichtliche Erleichterung eingetreten, er läuft Wagen nach und nur der Umstand, daß er sich aus der Nähe des Haupttores nicht wegtraut, respektive zu keinem größeren Spaziergange zu bewegen ist, verrät den Rest von Angst.«
»Am 25. April rennt mir Hans mit dem Kopfe in den Bauch, was er schon früher einmal getan hat. Ich frage ihn, ob er eine Ziege ist.«
Er sagt: »Ja ein Wieder (Widder).« – »Wo er einen Widder gesehen hat?«
Er: »In Gmunden, der Fritzl hat einen gehabt.« (Der Fritzl hat ein kleines, lebendes Schaf zum Spielen gehabt.)
Ich: »Von dem Lamperl mußt du mir erzählen, was hat es gemacht?«
Hans: »Du weißt, das Fräulein Mizzi (eine Lehrerin, die im Hause wohnte) hat immer die Hanna auf das Lamperl gesetzt, da hat es aber nicht aufstehen können, da hat es nicht stoßen können. Wenn man hingeht, stößt es schon, weil es Hörner hat. Der Fritzl tut's halt an der Schnur führen und an einen Baum anbinden. Er bindet's immer an einen Baum an.«

Ich: »Hat das Lamperl dich gestoßen?«
Hans: »Hinaufgesprungen ist es auf mich, der Fritzl hat mich einmal hingegeben ... ich bin einmal hingegangen und hab's nicht gewußt, und auf einmal ist es auf mich hinaufgesprungen. Das war so lustig – erschrocken bin ich nicht.«
»Das ist gewiß unwahr.«
Ich: »Hast du den Vatti gern?«
Hans: »O ja.«
Ich: »Vielleicht auch nicht?«
Hans (spielt mit einem kleinen Pferderl. In diesem Moment fällt das Pferdl um. Er schreit:) »Das Pferdl ist umgefallen! Siehst du, wie's Krawall macht!«
Ich: »Etwas ärgert dich am Vatti, daß ihn die Mammi gern hat.«
Hans: »Nein!«
Ich: »Weshalb weinst du also immer, wenn die Mammi mir einen Kuß gibt? Weil du eifersüchtig bist.«
Hans: »Das schon.«
Ich: »Was möchtest du denn machen, wenn du der Vatti wärst.«
Hans: »Und du der Hans? – Da möcht ich dich jeden Sonntag nach Lainz fahren, nein, auch jeden Wochentag. Wenn ich der Vatti wär', wär' ich gar brav.«
Ich: »Was möchtest du mit der Mammi machen?«
Hans: »Auch nach Lainz mitnehmen.«
Ich: »Was sonst noch?«
Hans: »Nix.«
Ich: »Weshalb bist du denn eifersüchtig?«
Hans: »Das weiß ich nicht.«
Ich: »In Gmunden warst du auch eifersüchtig?«
Hans: »In Gmunden nicht (das ist nicht wahr). In Gmunden hab' ich meine Sachen gehabt, einen Garten hab' ich in Gmunden gehabt und auch Kinder.«
Ich: »Kannst du dich erinnern, wie die Kuh das Kalberl bekommen hat?«
Hans: »O ja. Es ist mit einem Wagen dahergekommen (– das hat man ihm wohl damals in Gmunden gesagt; auch ein Stoß gegen die Storchtheorie –) und eine andere Kuh hat es aus dem Podl herausgedrückt.« (Das ist bereits die Frucht der

Aufklärung, die er mit der »Wagerltheorie« in Einklang bringen will.)

Ich: »Das ist ja nicht wahr, daß es mit einem Wagerl gekommen ist; es ist aus der Kuh gekommen, die im Stalle war.«

»Hans bestreitet es, sagt, er habe den Wagen in der Früh gesehen. Ich mache ihn aufmerksam, daß man ihm das wahrscheinlich erzählt hat, daß das Kalberl im Wagen gekommen sei. Er gibt es schließlich zu: »Es hat mir's wahrscheinlich die Berta gesagt oder nein – oder vielleicht der Hausherr. Er war dabei und es war doch Nacht, deshalb ist es doch wahr, wie ich's dir sage, oder mir scheint, es hat mir's niemand gesagt, ich hab' mir's in der Nacht gedacht.«

»Das Kalberl wurde, wenn ich nicht irre, im Wagen weggeführt; daher die Verwechslung.«

Ich: »Warum hast du dir nicht gedacht, der Storch hat's gebracht?«

Hans: »Das hab' ich mir nicht denken wollen.«

Ich: »Aber, daß die Hanna der Storch gebracht hat, hast du dir gedacht?«

Hans: »In der Früh (der Entbindung) hab' ich mir's gedacht. – Du Vatti, war der Herr Reisenbichler (der Hausherr) dabei, wie das Kalberl von der Kuh gekommen ist?«[1]

Ich: »Ich weiß nicht. Glaubst du?«

Hans: »Ich glaub' schon ... Vatti hast du schon öfter gesehen, wie ein Pferd etwas Schwarzes am Mund hat?«

Ich: »Ich hab's schon öfter gesehen auf der Straße in Gmunden.«[2]

Ich: »In Gmunden warst du oft im Bett bei der Mammi?«

Hans: »Ja.«

Ich: »Und dann hast dir gedacht, du bist der Vatti?«

Hans: »Ja.«

Ich: »Und dann hast du dich vor dem Vatti gefürchtet?«

Hans: »*Du weißt ja alles, ich hab' nichts gewußt.*«

[1] Hans, der Grund hat, gegen die Mitteilungen der Erwachsenen mißtrauisch zu sein, erwägt hier, ob der Hausherr glaubwürdiger sei als der Vater.

[2] Der Zusammenhang ist der: Das mit dem Schwarzen am Munde der Pferde hat ihm der Vater lange nicht glauben wollen, bis es sich endlich hat verifizieren lassen.

Ich: »Wie der Fritzl gefallen ist, hast du dir gedacht, wenn der Vatti so fallen möchte, und wie dich das Lamperl gestoßen hat, wenn es den Vatti stoßen möcht'. Kannst du dich an das Begräbnis in Gmunden erinnern?« (Das erste Begräbnis, das Hans sah. Er erinnert sich öfter daran, eine zweifellose Deckerinnerung.)
Hans: »Ja, was war da?«
Ich: »Da hast du gedacht, wenn der Vatti sterben möcht', wärst du der Vatti.«
Hans: »Ja.«
Ich: »Vor welchen Wagen fürchtest du dich eigentlich noch?«
Hans: »Vor allen.«
Ich: »Das ist doch nicht wahr.«
Hans: »Vor Fiakern, Einspännern nicht. Vor Stellwagen, vor Gepäckwagen, aber nur, wenn sie aufgeladen haben, wenn sie aber leer sind, nicht. Wenn es ein Pferd ist und voll aufgeladen hat, da fürcht' ich mich, und wenn's zwei Pferde sind und voll aufgeladen haben, da fürcht' ich mich nicht.«
Ich: »Vor den Stellwagen fürchtest du dich, weil drin soviel Leute sind?«
Hans: »Weil am Dach soviel Gepäck ist.«
Ich: »Hat die Mammi, wie sie die Hanna bekommen hat, nicht auch voll aufgeladen?«
Hans: »Die Mammi wird wieder voll aufgeladen sein, wenn sie wieder einmal eins haben wird, bis wieder eins wachsen wird, bis wieder eins drin sein wird.«
Ich: »Das möchtest du halt gern.«
Hans: »Ja.«
Ich: »Du hast gesagt, du willst nicht, daß die Mammi noch ein Kind bekommen soll.«
Hans: »So wird sie halt nicht mehr aufgeladen sein. Die Mammi hat gesagt, wenn die Mammi keins will, will's der liebe Gott auch nicht. Wird die Mammi auch keins wollen, so wird sie keins bekommen.« (Hans hat natürlich gestern auch gefragt, ob in der Mammi noch Kinder sind. Ich habe ihm gesagt, nein, wenn der liebe Gott nicht will, wird's in ihr auch nicht wachsen).
Hans: »Aber die Mammi hat mir gesagt, wenn sie nicht will,

wird keins mehr wachsen, und du sagst, wenn der liebe Gott nicht will.«

»Ich sagte ihm also, daß es so ist, wie ich gesagt habe, worauf er bemerkt: »Du warst doch dabei? Du weißt es gewiß besser.« – Er stellte also die Mama zur Rede, und die stellte die Konkordanz her, indem sie erklärte, wenn sie nicht wolle, wolle auch der liebe Gott nicht.[1]

Ich: »Mir scheint, du wünschest doch, die Mammi soll ein Kind bekommen?«

Hans: »Aber haben will ich's nicht.«

Ich: »Aber du wünschest es?«

Hans: »Wünschen schon.«

Ich: »Weißt du, warum du es wünschest? Weil du gern der Vatti sein möchst.«

Hans: »Ja ... Wie ist die Geschicht'?«

Ich: »Welche Geschicht'?«

Hans: »Ein Vatti kriegt doch kein Kind, wie ist die Geschicht' dann, wenn ich gern der Vatti sein möcht'?«

Ich: »Du möchtest der Vatti sein und mit der Mammi verheiratet sein, möchtest so groß sein wie ich und einen Schnurrbart haben und möchtest, daß die Mammi ein Kind bekommen soll.«

Hans: »Vatti, und bis ich verheiratet sein werde, werde ich nur eines kriegen, wenn ich' will, wenn ich mit der Mammi verheiratet sein werde, und wenn ich kein Kind will, will der liebe Gott auch nicht, wenn ich geheiratet hab'.«

Ich: »Möchtest du gern mit der Mammi verheiratet sein?«

Hans: »O ja.«

Man merkt es deutlich wie das Glück in der Phantasie noch durch die Unsicherheit über die Rolle des Vaters und die Zweifel an der Beherrschung des Kinderkriegens gestört wird.

»Am Abend desselben Tages sagt Hans, wie er ins Bett gelegt wird, zu mir: »Du, weißt du, was ich jetzt mach'? Jetzt sprech' ich noch bis 10 Uhr mit der Grete, die ist bei mir im Bett. Immer sind meine Kinder bei mir im Bett.

[1] *Ce que femme veut Dieu veut.* Hans hat hier in seinem Scharfsinne wieder ein sehr ernsthaftes Problem entdeckt.

Kannst du mir sagen, wie das ist?« – Da er schon sehr schläfrig ist, verspreche ich ihm, wir würden das morgen aufschreiben, und er schläft ein.«
»Aus den früheren Aufzeichnungen ergibt sich, daß Hans seit seiner Rückkehr von Gmunden immer von seinen »Kindern« phantasiert, er führt mit ihnen Gespräche usw.«[1]
»Am 26. April frage ich ihn also, warum er denn immer von seinen Kindern spricht.«
Hans: »*Warum? Weil ich so gerne Kinder haben mag, aber ich wünsch' mir's nie, haben mag ich sie nicht.*«[2]
Ich: »Hast du dir immer vorgestellt, die Berta, die Olga usw. sind deine Kinder?«
Hans: »Ja, der Franzl, der Fritzl und der Paul (sein Gespiele in Lainz) auch und die Lodi.« Ein fingierter Name. Sein Lieblingskind, von dem er am öftesten spricht. – Ich betone hier, daß die Persönlichkeit der *Lodi* nicht erst seit einigen Tagen, seit dem Datum der letzten Aufklärung (24. April) besteht.«
Ich: »Wer ist die Lodi? Ist sie in Gmunden?«
Hans: »Nein.«
Ich: »Gibts eine Lodi?«
Hans: »Ja, ich kenn' sie schon.«
Ich: »Welche denn?«
Hans: »Die da, die ich hab'.«
Ich: »Wie sieht sie denn aus?«
Hans: »Wie? Schwarze Augen, schwarze Haare . . . ich hab' sie einmal mit der Mariedl (in Gmunden) getroffen, wie ich in die Stadt gegangen bin.«
»Wie ich Näheres wissen will, stellt sich heraus, daß dies erfunden ist.«[3]

1 Es ist keine Nötigung, hier bei Hans einen femininen Zug von Sehnsucht nach Kinderhaben anzunehmen. Da er seine beseligenden Erlebnisse als Kind bei der Mutter gehabt hat, wiederholt er diese nun in aktiver Rolle, wobei er selbst die Mutter spielen muß.

2 Der so auffällige Widerspruch ist der zwischen Phantasie und Wirklichkeit – wünschen und haben. Er weiß, daß er in Wirklichkeit Kind ist, da würden ihn andere Kinder nur stören, in der Phantasie ist er Mutter und braucht Kinder, mit denen er die selbst erlebten Zärtlichkeiten wiederholen kann.

3 Es könnte doch sein, daß Hans eine zufällige Begegnung in Gmunden zum Ideal erhoben hat, das übrigens in der Farbe von Augen und Haaren der Mutter nachgebildet ist.

Ich: »Du hast also gedacht, du bist die Mammi?«
Hans: »Ich war auch wirklich die Mammi.«
Ich: »Was hast du denn mit den Kindern gemacht?«
Hans: »Bei mir hab' ich sie schlafen lassen, Mädeln und Buben.«
Ich: »Jeden Tag?«
Hans: »Na freilich.«
Ich: »Hast du mit ihnen gesprochen?«
Hans: »Wenn alle Kinder nicht ins Bett hineingegangen sind, habe ich welche Kinder aufs Sofa gelegt und welche in den Kinderwagen gesetzt, wenn noch übrig geblieben sind hab' ich sie am Boden getragen und in die Kiste gelegt, da waren noch Kinder und ich hab' sie in die andere Kiste gelegt.«
Ich: »Also die Storchenkinderkisten sind am Boden gestanden?«
Hans: »Ja.«
Ich: »Wann hast du die Kinder bekommen? War die Hanna schon auf der Welt?«
Hans: »Ja, schon lange.«
Ich: »Aber von wem hast du dir gedacht, daß du die Kinder bekommen hast?«
Hans: *»No, von mir.«*[1]
Ich: »Damals hast du aber noch gar nicht gewußt, daß die Kinder von einem kommen.«
Hans: »Ich hab' mir gedacht, der Storch hat sie gebracht.« (Offenbar Lüge und Ausflucht).[2]
Ich: »Gestern war die Grete bei dir, aber du weißt doch schon, daß ein Bub keine Kinder haben kann.«
Hans: »No ja, ich glaub's aber doch!«
Ich: »Wie bist du auf den Namen Lodi gekommen? So heißt doch kein Mäderl. Vielleicht Lotti?«
Hans: »O nein, Lodi. Ich weiß nicht, aber ein schöner Name ist es doch.«
Ich (scherzend): »Meinst du vielleicht eine Schoko*lodi*?«
Hans (sofort): »Nein, eine Saffa*lodi*[3] . . . weil ich so gern Wurst essen tu, Salami auch.«

[1] Hans kann nicht anders als vom Standpunkte des Autoerotismus antworten.
[2] Es sind Phantasie-, d. h. Onaniekinder.
[3] »Saffaladi – Zervelatwurst. Meine Frau erzählt gern, daß ihre Tante immer Soffilodi sagt, das mag er gehört haben.«

Ich: »Du, sieht eine Saffalodi nicht wie ein Lumpf aus?«
Hans: »Ja!«
Ich: »Wie sieht denn ein Lumpf aus?«
Hans: »Schwarz. Weißt (zeigt auf meine Augenbrauen und Schnurrbart) wie das und das.«
Ich: »Wie noch? Rund wie eine Saffaladi?«
Hans: »Ja.«
Ich: »Wenn du am Topf gesessen bist und ein Lumpf gekommen ist, hast du dir gedacht, daß du ein Kind bekommst?«
Hans (lachend): »Ja, in der **gasse schon und auch hier.«
Ich: »Weißt du, wie die Stellwagenpferde umgefallen sind? Der Wagen sieht doch wie eine Kinderkiste aus, und wenn das schwarze Pferd umgefallen ist, war es so . . .«
Hans (ergänzend): »Wie wenn man ein Kind bekommt.«
Ich: »Und was hast du dir gedacht, wie es mit den Füßen Krawall gemacht hat?«
Hans: »Na, wenn ich mich nicht will am Topf setzen und lieber spielen, dann mach' ich so mit den Füßen Krawall.« (Er stampft mit den Füßen auf.)
»Daher interessierte es ihn so sehr, ob man *gern* oder *ungern* Kinder bekommt.«
»Hans spielt heute fortwährend Gepäckkisten auf- und abladen, wünscht sich auch einen Leiterwagen mit solchen Kisten als Spielzeug. Im Hofe des Hauptzollamtes gegenüber interessierte ihn am meisten das Auf- und Abladen der Wagen. Er erschrak auch am heftigsten, wenn ein Wagen aufgeladen hatte und fortfahren sollte. »Die Pferde werden fallen[1]«. Die Türen des Hauptzollamtsschuppens nannte er »Loch« (das erste, zweite, dritte . . . Loch). Jetzt sagt er »Podlloch«.
»Die Angst ist fast gänzlich geschwunden, nur will er in der Nähe des Hauses bleiben, um einen Rückzug zu haben, wenn er sich fürchten sollte. Er flüchtet aber nie mehr ins Haus hinein, bleibt immer auf der Straße. Bekanntlich hat das Kranksein damit begonnen, daß er auf dem Spaziergange weinend umkehrte, und als man ihn ein zweites Mal zwang, spazieren zu gehen, nur bis zur Stadtbahnstation

[1] Heißt man es nicht »niederkommen«, wenn eine Frau gebärt?

»Hauptzollamt« ging, von der aus man unsere Wohnung noch sieht. Bei der Entbindung der Frau war er natürlich von ihr getrennt, und die jetzige Angst, die ihn hindert, die Nähe des Hauses aufzugeben, ist noch die damalige Sehnsucht.«

»30. April. Da Hans wieder mit seinen imaginären Kindern spielt, sage ich ihm: »Wieso leben denn deine Kinder noch? Du weißt ja, daß ein Bub keine Kinder bekommen kann.«
Hans: »Das weiß ich. Früher war ich die Mammi, *jetzt bin ich der Vatti.*«
Ich: »Und wer ist die Mammi zu den Kindern?«
Hans: »No, die Mammi, und du bist der *Großvatti.*«
Ich: »Also du möchtest so groß sein wie ich, mit der Mammi verheiratet sein, und sie soll dann Kinder bekommen.«
Hans: »Ja, das möcht' ich und die Lainzerin (meine Mutter) ist dann die Großmammi.«
Es geht alles gut aus. Der kleine Ödipus hat eine glücklichere Lösung gefunden, als vom Schicksal vorgeschrieben ist. Er gönnt seinem Vater, anstatt ihn zu beseitigen, dasselbe Glück, das er für sich verlangt; er ernennt ihn zum Großvater und verheiratet auch ihn mit der eigenen Mutter.

»Am 1. Mai kommt Hans mittags zu mir und sagt: »Weißt was? Schreiben wir was für den Professor auf.«
Ich: »Was denn?«
Hans: »Vormittag war ich mit allen meinen Kindern auf dem Klosett. Zuerst hab' ich Lumpf gemacht und Wiwi und sie haben zugeschaut. Dann hab' ich sie aufs Klosett gesetzt und sie haben Wiwi und Lumpf gemacht und ich hab' ihnen den Podl mit Papier ausgewischt. Weißt warum? Weil ich so gerne Kinder haben möcht', dann möcht' ich ihnen alles tun, sie aufs Klosett führen, ihnen den Podl abputzen, halt alles, was man mit Kindern tut.«
Es wird nach dem Geständnisse dieser Phantasie wohl kaum angehen, die an die exkrementellen Funktionen geknüpfte Lust bei Hans in Abrede zu stellen.
»Nachmittags wagt er sich zum erstenmal in den Stadtpark. Da es 1. Mai ist, fahren wohl weniger Wagen als sonst,

immerhin genug, die ihn bisher abgeschreckt haben. Er ist sehr stolz auf seine Leistung, und ich muß mit ihm nach der Jause noch einmal in den Stadtpark gehen. Auf dem Wege treffen wir einen Stellwagen, den er mir zeigt: »Schau, einen Storchenkistenwagen!« Wenn er, wie geplant ist, morgen mit mir wieder in den Stadtpark geht, kann man die Krankheit wohl als geheilt ansehen.«

»Am 2. Mai früh kommt Hans: »Du, ich hab' mir heute was gedacht.« Zuerst hat er's vergessen, später erzählt er unter beträchtlichen Widerständen: *»Es ist der Installateur gekommen und hat mir mit einer Zange zuerst den Podl weggenommen und hat mir dann einen andern gegeben und dann den Wiwimacher.* Er hat gesagt: Laß den Podl sehen und ich hab mich umdrehen müssen, und er hat ihn weggenommen und dann hat er gesagt: Laß den Wiwimacher sehen.«

Der Vater erfaßt den Charakter der Wunschphantasie und zweifelt keinen Moment an der einzig gestatteten Deutung.

Ich: »Er hat dir einen *größeren* Wiwimacher und einen *größeren* Podl gegeben.«

Hans: »Ja.«

Ich: »Wie der Vatti sie hat, weil du gerne der Vatti sein möchtest?«

Hans: »Ja, und so einen Schnurrbart wie du möcht' ich auch haben und solche Haare.« (Deutet auf die Haare an meiner Brust.)

»Die Deutung der vor einiger Zeit erzählten Phantasie: Der Installateur ist gekommen und hat die Badewanne abgeschraubt und hat mir dann einen Bohrer in den Bauch eingesetzt, rektifiziert sich demnach: Die große Badewanne bedeutet den »Podl«, der Bohrer oder Schraubenzieher, wie damals schon gedeutet, den Wiwimacher.[1] Es sind iden-

[1] Vielleicht darf man hinzusetzen, daß der »Bohrer« nicht ohne Beziehung auf das Wort »geboren«, »Geburt« gewählt worden ist. Das Kind würde so zwischen »gebohrt« und »geboren« keinen Unterschied machen. Ich akzeptiere diese mir von einem kundigen Kollegen mitgeteilte Vermutung, weiß aber nicht zu sagen, ob hier ein tieferer allgemeiner Zusammenhang oder die Ausnützung eines dem Deutschen eigentümlichen Sprachzufalles vorliegt. Auch Prometheus (Pramantha), der Menschenschöpfer, ist etymologisch der »Bohrer«. Vgl. *Abraham,* Traum und Mythus. 4. Heft der »Schriften zur angewandten Seelenkunde«, 1908.

tische Phantasien. Es eröffnet sich auch ein neuer Zugang zu Hansens Furcht vor der großen Badewanne, die übrigens auch bereits abgenommen hat. Es ist ihm unlieb, daß sein »Podl« zu klein ist für die große Wanne.«

In den nächsten Tagen nimmt die Mutter wiederholt das Wort, um ihrer Freude über die Herstellung des Kleinen Ausdruck zu geben.

Nachtrag des Vaters eine Woche später:

»Geehrter Herr Professor! Ich möchte die Krankengeschichte Hansens noch durch folgendes ergänzen:

1) Die Remission nach der ersten Aufklärung war nicht so vollständig, wie ich sie vielleicht dargestellt habe. Hans ging allerdings spazieren, aber nur gezwungen und mit großer Angst. Einmal ging er mit mir bis zur Station »Hauptzollamt«, von wo man noch die Wohnung sieht, und war nicht weiter zu bringen.«

2) Ad: Himbeersaft, Schießgewehr. Himbeersaft bekommt Hans bei der Verstopfung. Schießen und Scheißen ist eine auch ihm geläufige Wortvertauschung.«

3) Als Hans aus unserem Schlafzimmer in ein eigenes Zimmer separiert wurde, war er ungefähr 4 Jahre alt.«

4) Ein Rest ist noch jetzt da, der sich nicht mehr in Furcht, sondern in normalem Fragetrieb äußert. Die Fragen beziehen sich meist darauf, woraus die Dinge verfertigt sind (Tramways, Maschinen usw.), wer die Dinge macht usw. Charakteristisch für die meisten Fragen ist, daß Hans fragt, obzwar er sich die Antwort bereits selbst gegeben hat. Er will sich nur vergewissern. Als er mich einmal mit Fragen zu sehr ermüdet hatte und ich ihm sagte: »Glaubst du denn, daß ich dir auf alles antworten kann, was du fragst?«, meinte er: »No, ich hab' geglaubt, weil du das vom Pferd gewußt hast, daß du das auch weißt.«

5) Von der Krankheit spricht Hans nur mehr historisch: »Damals, wie ich die Dummheit gehabt hab'.«

6) Der ungelöste Rest ist der, daß Hans sich den Kopf zerbricht, was der Vater mit dem Kinde zu tun hat, da doch die Mutter das Kind zur Welt bringt. Man kann das aus den Fragen schließen, wie: »Nicht wahr, ich gehör' auch *dir«* (Er meint, nicht nur der Mutter.) Das: wieso er mir gehört, ist

ihm nicht klar. Dagegen habe ich keinen direkten Beweis, daß er, wie Sie meinen, einen Koitus der Eltern belauscht hätte.«

7) Bei einer Darstellung müßte vielleicht doch auf die Heftigkeit der Angst aufmerksam gemacht werden, da man sonst sagen würde: »Hätte man ihn nur ordentlich durchgeprügelt, so wäre er schon spazieren gegangen.«

Ich setze abschließend hinzu: Mit der letzten Phantasie Hansens war auch die vom Kastrationskomplex stammende Angst überwunden, die peinliche Erwartung ins Beglükkende gewendet. Ja, der Arzt, Installateur usw. kommt, er nimmt den Penis ab, aber nur um einen größeren dafür zu geben. Im übrigen mag unser kleiner Forscher nur frühzeitig die Erfahrung machen, daß alles Wissen Stückwerk ist, und daß auf jeder Stufe ein ungelöster Rest bleibt.

III
Epikrise

Nach drei Richtungen werde ich nun diese Beobachtung von der Entwicklung und Lösung einer Phobie bei einem noch nicht fünfjährigen Knaben zu prüfen haben: erstens, inwieweit sie die Behauptungen unterstützt, die ich in den »Drei Abhandlungen zur Sexualtheorie«, 1905, aufgestellt habe; zweitens, was sie zum Verständnis der so häufigen Krankheitsform zu leisten vermag; drittens, was sich ihr etwa zur Aufklärung des kindlichen Seelenlebens und zur Kritik unserer Erziehungsabsichten abgewinnen läßt.

I

Mein Eindruck geht dahin, daß das Bild des kindlichen Sexuallebens, wie es aus der Beobachtung des kleinen Hans hervortritt, in sehr guter Übereinstimmung mit der Schilderung steht, die ich in meiner Sexualtheorie nach psychoanalytischen Untersuchungen an Erwachsenen entworfen habe. Aber ehe ich daran gehe, die Einzelheiten dieser Übereinstimmung zu verfolgen, werde ich zwei Einwendungen erledigen müssen, welche sich gegen die Verwertung dieser Analyse erheben. Die erste lautet: Der kleine Hans sei kein normales Kind, sondern, wie die Folge, eben die Erkrankung, lehrt, ein zur Neurose disponiertes, ein kleiner »Hereditarier«, und es sei darum unstatthaft, Schlüsse, die vielleicht für ihn Geltung haben, auf andere, normale Kinder zu übertragen. Ich werde diesen Einwand, da er den Wert der Beobachtung bloß einschränkt, nicht völlig aufhebt, später berücksichtigen. Der zweite und strengere Einspruch wird behaupten, daß die Analyse eines Kindes durch seinen Vater, der, in *meinen* theoretischen Anschauungen befangen, mit *meinen* Vorurteilen behaftet an die Arbeit geht, überhaupt eines objektiven Wertes entbehre. Ein Kind sei selbstverständlich in hohem Grade suggerierbar, vielleicht gegen keine Person mehr als gegen seinen Vater; es lasse sich alles dem Vater zuliebe aufdrängen zum Dank dafür, daß er sich soviel mit ihm beschäftige, seine Aussagen hätten keine Beweiskraft und seine Produktionen in Einfällen, Phantasien und Träumen erfolgten natürlich in der Richtung, nach welcher man es mit allen Mitteln gedrängt habe. Kurz, es sei wieder einmal alles »Suggestion« und deren Entlarvung beim Kinde nur sehr erleichtert im Vergleiche mit dem Erwachsenen.

Sonderbar; ich weiß mich zu erinnern, als ich mich vor 22 Jahren in den Streit der wissenschaftlichen Meinungen einzumengen begann, mit welchem Spotte damals von der älteren Generation der Neurologen und Psychiater die Aufstellung der Suggestion und ihrer Wirkungen empfangen wurde. Seither hat sich die Situation gründlich geändert; der Widerwille ist in allzu entgegenkommende Bereitwilligkeit umgeschlagen, und dies nicht allein infolge der Wirkung, welche die Arbeiten *Liébeaults, Bernheims* und ihrer Schüler im Laufe dieser Dezennien entfalten mußten, sondern auch, weil unterdes die Entdeckung gemacht wurde, welche Denkersparnis mit der Anwendung des Schlagwortes »Suggestion« verbunden werden kann. Weiß doch niemand und bekümmert sich auch niemand zu wissen, was die Suggestion ist, woher sie rührt und wann sie sich einstellt; genug, daß man alles im Psychischen Unbequeme »Suggestion« heißen darf.

Ich teile nicht die gegenwärtig beliebte Ansicht, daß Kinderaussagen durchwegs willkürlich und unverläßlich seien. Willkür gibt es im Psychischen überhaupt nicht; die Unverläßlichkeit in den Aussagen der Kinder rührt her von der Übermacht ihrer Phantasie, wie die Unverläßlichkeit der Aussagen Erwachsener von der Übermacht ihrer Vorurteile. Sonst lügt auch das Kind nicht ohne Grund und hat im ganzen mehr Neigung zur Wahrheitsliebe als die Großen. Mit einer Verwerfung der Angaben unseres kleinen Hans in Bausch und Bogen täte man ihm gewiß schweres Unrecht; man kann vielmehr ganz deutlich unterscheiden, wo er unter dem Zwange eines Widerstandes fälscht oder zurückhält, wo er, selbst unentschieden, dem Vater beipflichtet, was man nicht als beweisend gelten lassen muß, und wo er, vom Drucke befreit, übersprudelnd mitteilt, was seine innere Wahrheit ist, und was er bisher allein gewußt hat. Größere Sicherheiten bieten auch die Angaben der Erwachsenen nicht. Bedauerlich bleibt, daß keine Darstellung einer Psychoanalyse die Eindrücke wiedergeben kann, die man während ihrer Ausführung empfängt, daß die endgültige Überzeugung nie durchs Lesen, sondern nur durchs Erleben vermittelt werden kann. Aber dieser Mangel haftet den Analysen mit Erwachsenen in gleichem Maße an.

Den kleinen Hans schildern seine Eltern als ein heiteres, aufrichtiges Kind, und so dürfte er auch durch die Erziehung geworden sein, die ihm die Eltern schenkten, die wesentlich in der Unterlassung unserer gebräuchlichen Erziehungssünden bestand. Solange er in fröhlicher Naivität seine Forschungen pflegen konnte, ohne Ahnung der aus ihnen bald erwachsenden Konflikte, teilte er sich auch rückhaltlos mit, und die Beobachtungen aus der Zeit vor seiner Phobie unterliegen auch keinem Zweifel und keiner Beanstandung. In der Zeit der Krankheit und während der Analyse beginnen für ihn die Inkongruenzen zwischen dem, was er sagt, und dem, was er denkt, zum Teil darin begründet, daß sich ihm unbewußtes Material aufdrängt, das er nicht mit einem Male zu bewältigen weiß, zum andern Teil infolge der inhaltlichen Abhaltungen, die aus seinem Verhältnisse zu den Eltern stammen. Ich behaupte, daß ich unparteiisch bleibe, wenn ich das Urteil ausspreche, daß auch diese Schwierigkeiten nicht größer ausgefallen sind als in soviel anderen Analysen mit Erwachsenen.

Während der Analyse allerdings muß ihm vieles gesagt werden, was er selbst nicht zu sagen weiß, müssen ihm Gedanken eingegeben werden, von denen sich noch nichts bei ihm gezeigt hat, muß seine Aufmerksamkeit die Einstellung nach jenen Richtungen erfahren, von denen her der Vater das Kommende erwartet. Das schwächt die Beweiskraft der Analyse; aber in jeder verfährt man so. Eine Psychoanalyse ist eben keine tendenzlose, wissenschaftliche Untersuchung, sondern ein therapeutischer Eingriff; sie will an sich nichts beweisen, sondern nur etwas ändern. Jedesmal gibt der Arzt in der Psychoanalyse dem Patienten die bewußten Erwartungsvorstellungen, mit deren Hilfe er imstande sein soll, das Unbewußte zu erkennen und zu erfassen, das eine Mal in reichlicherem, das andere in bescheidenerem Ausmaße. Es gibt eben Fälle, die mehr, und andere, die weniger Nachhilfe brauchen. Ohne solche Hilfe kommt niemand aus. Was man etwa bei sich allein zu Ende bringen kann, sind leichte Störungen, niemals eine Neurose, die sich dem Ich wie etwas Fremdes entgegengestellt hat; zur Bewältigung einer solchen braucht es den andern, und soweit der andere helfen kann, soweit ist die Neurose heilbar. Wenn es im Wesen einer Neurose liegt, sich von »andern« abzuwenden, wie es die Charakteristik der als Dementia praecox zusammengefaßten Zustände zu enthalten scheint, so sind eben darum diese Zustände für unsere Bemühung unheilbar. Es ist nun zugegeben, daß das Kind wegen der geringen Entwicklung seiner intellektuellen Systeme einer besonders intensiven Nachhilfe bedarf. Aber was der Arzt dem Patienten mitteilt, stammt doch selbst wieder aus analytischen Erfahrungen, und es ist wirklich beweisend genug, wenn mit dem Aufwande dieser ärztlichen Einmengung der Zusammenhang und die Lösung des pathogenen Materials erreicht wird. Und doch hat unser kleiner Patient auch während der Analyse Selbständigkeit genug bewiesen, um ihn von dem Verdikte der »Suggestion« freisprechen zu können. Seine kindlichen Sexualtheorien wendet er auf sein Material an wie alle Kinder, ohne dazu eine Anregung zu erhalten. Dieselben sind dem Erwachsenen so überaus ferne gerückt; ja, in diesem Falle hatte ich es geradezu versäumt, den Vater darauf vorzubereiten, daß der Weg zum Thema der Geburt für Hans über den Exkretionskomplex führen müsse. Was infolge meiner Flüchtigkeit zu einer dunkeln Partie der Analyse wurde, ergab dann wenigstens ein gutes Zeugnis für die Echtheit und Selbständigkeit in Hansens Gedankenarbeit. Er war auf einmal mit dem »Lumpf« beschäftigt, ohne daß der angeblich suggerierende Vater verstehen konnte, wie er dazu kam und was daraus werden sollte. Ebensowenig Anteil kann man dem Vater an der Entwicklung der beiden Phantasien vom Installateur zuschreiben, die von dem frühzeitig erworbenen »Kastraktionskomplexe« ausgehen. Ich muß hier das Geständnis ablegen, daß ich dem Vater die Erwartung dieses Zusammenhanges völlig verschwiegen habe, aus theoretischem Interesse, um nur die Beweiskraft eines sonst schwer erreichbaren Beleges nicht verkümmern zu lassen.

Bei weiterer Vertiefung in das Detail der Analyse würden sich noch reichlich neue Beweise für die Unabhängigkeit unseres Hans von der »Suggestion« ergeben, aber ich breche hier die Behandlung des ersten Einwandes ab. Ich weiß, daß ich auch durch diese Analyse keinen überzeugen werde, der sich nicht überzeugen lassen will, und ich setze die Bearbeitung dieser Beobachtung für jene Leser fort, die sich eine Überzeugung von der Objektivität des unbewußten pathogenen Materials bereits erworben haben, nicht ohne die angenehme Gewißheit zu betonen, daß die Anzahl der letzteren in beständiger Zunahme begriffen ist.
Der erste dem Sexualleben zuzurechnende Zug bei dem kleinen Hans ist ein ganz besonders lebhaftes Interesse für seinen »Wiwimacher«, wie dies Organ nach der kaum minder wichtigen seiner beiden Funktionen und nach jener, die in der Kinderstube nicht zu umgehen ist, genannt wird. Dieses Interesse macht ihn zum Forscher; er entdeckt so, daß man auf Grund des Vorhandenseins oder Fehlens des Wiwimachers Lebendes und Lebloses unterscheiden könne. Bei allen Lebewesen, die er als sich ähnlich beurteilt, setzt er diesen bedeutsamen Körperteil voraus, studiert ihn an den großen Tieren, vermutet ihn bei beiden Eltern und läßt sich auch durch den Augenschein nicht abhalten, ihn bei seiner neugeborenen Schwester zu statuieren. Es wäre eine zu gewaltige Erschütterung seiner »Weltanschauung«, könnte man sagen, wenn er sich entschließen sollte, bei einem ihm ähnlichen Wesen auf ihn zu verzichten; es wäre so, als würde er ihm selbst entrissen. Eine Drohung der Mutter, die nichts geringeres als den Verlust des Wiwimachers zum Inhalte hat, wird darum wahrscheinlich eiligst zurückgedrängt und darf erst in späteren Zeiten ihre Wirkung äußern. Die Einmengung der Mutter war erfolgt, weil er sich durch Berührung dieses Gliedes Lustgefühle zu verschaffen liebte; der Kleine hat die gewöhnlichste und - normalste Art der autoerotischen Sexualtätigkeit begonnen.
In einer Weise, die Alf. Adler sehr passend als *»Triebverschränkung«* bezeichnet hat,[1] verknüpft sich die Lust am

1 »Der Aggressionstrieb im Leben und in der Neurose«. Fortschritte der Medizin. 1908. Nr. 19. [Abgedruckt in Alfred Adler, »Heilen und Bilden«, Neuausgabe Frankfurt 1973. Fischer Taschenbuch Bd. 6220, S. 53ff. – Anm. d. Red.]

eigenen Geschlechtsgliede mit der Schaulust in ihrer aktiven und ihrer passiven Ausbildung. Der Kleine sucht den Wiwimacher anderer Personen zu Gesicht zu bekommen, er entwickelt sexuelle Neugierde und liebt es, seinen eigenen zu zeigen. Einer seiner Träume aus der ersten Zeit der Verdrängung hat den Wunsch zum Inhalte, daß eine seiner kleinen Freundinnen ihm beim Wiwimachen behilflich sein, also dieses Anblickes teilhaftig werden solle. Der Traum bezeugt so, daß der Wunsch bis dahin unverdrängt bestanden hat, sowie spätere Mitteilungen bestätigen, daß er seine Befriedigung zu finden pflegte. Die aktive Richtung der sexuellen Schaulust verbindet sich bei ihm bald mit einem bestimmten Motiv. Wenn er sowohl dem Vater wie der Mutter wiederholt sein Bedauern zu erkennen gibt, daß er deren Wiwimacher noch nie gesehen habe, so drängt ihn dazu wahrscheinlich das Bedürfnis zu *vergleichen*. Das Ich bleibt der Maßstab, mit dem man die Welt ausmißt; durch beständiges Vergleichen mit der eigenen Person lernt man sie verstehen. Hans hat beobachtet, daß die großen Tiere soviel größere Wiwimacher haben als er; darum vermutet er das gleiche Verhältnis auch bei seinen Eltern und möchte sich davon überzeugen. Die Mama, meint er, hat gewiß einen Wiwimacher »wie ein Pferd«. Er hat dann den Trost bereit, daß der Wiwimacher mit ihm wachsen werde; es ist, als ob der Größenwunsch des Kindes sich aufs Genitale geworfen hätte.

In der Sexualkonstitution des kleinen Hans ist also die Genitalzone von vornherein die am intensivsten lustbetonte unter den erogenen Zonen. Neben ihr ist nur noch die exkrementelle, an die Orifizien der Harn- und Stuhlentleerung geknüpfte Lust bei ihm bezeugt. Wenn er in seiner letzten Glücksphantasie, mit der sein Kranksein überwunden ist, Kinder hat, die er aufs Klosett führt, sie Wiwi machen läßt und ihnen den Podl auswischt, kurz, »alles mit ihnen tut, was man mit Kindern tun kann«, so scheint es unabweisbar anzunehmen, daß diese selben Verrichtungen während seiner Kinderpflege eine Quelle der Lustempfindung für ihn waren. Diese Lust von erogenen Zonen wurde für ihn mit Hilfe der ihn pflegenden Person, der Mutter, gewonnen, führt also bereits zur Objektwahl; es bleibt aber möglich, daß er in noch früheren Zeiten gewohnt war, sich dieselbe autoerotisch zu verschaffen, daß er zu jenen Kindern gehört hat, die die Exkrete zurückzuhalten lieben, bis ihnen deren Entleerung einen Wollustreiz bereiten kann. Ich sage nur, es ist möglich, denn es ist in der Analyse nicht klargestellt worden; das »Krawallmachen mit den Beinen« (Zappeln), vor dem er sich später so sehr fürchtet, deutet nach dieser Richtung. Eine auffällige Betonung, wie bei anderen Kindern so häufig, haben diese Lustquellen bei ihm übrigens nicht. Er ist bald rein geworden, Bettnässen und tägliche Inkontinenz haben keine Rolle in seinen ersten Jahren gespielt; von der am Erwachsenen so häßlichen Neigung, mit den Exkrementen zu spielen, die am Ausgange der psychischen Rückbildungsprozesse wieder aufzutreten pflegt, ist an ihm nichts beobachtet worden.

Heben wir gleich an dieser Stelle hervor, daß während seiner Phobie die Verdrängung dieser beiden bei ihm gut ausgebildeten Komponenten der Sexualtätigkeit unverkennbar ist. Er schämt sich, vor anderen zu urinieren, klagt sich an, daß er den Finger zum Wiwimacher gebe, bemüht sich, auch die Onanie aufzugeben, und ekelt sich vor »Lumpf«, »Wiwi« und allem, was daran erinnert. In der Phantasie von der Kinderpflege nimmt er diese letztere Verdrängung wieder zurück.

Eine Sexualkonstitution wie die unseres kleinen Hans scheint die Disposition zur Entwicklung von Perversionen oder ihrem Negativ (beschränken wir uns hier auf die Hysterie) nicht zu enthalten. Soviel ich erfahren habe (es ist hier wirklich noch Zurückhaltung geboten), zeichnet sich die angeborene Konstitution der Hysteriker – bei den Perversen versteht es sich beinahe von selbst – durch das Zurücktreten der Genitalzonen gegen andere erogene Zonen aus. Eine einzige »Abirrung« des Sexuallebens muß von dieser Regel ausdrücklich ausgenommen werden. Bei den später Homosexuellen, die nach meiner Erwartung und nach den Beobachtungen von *J. Sadger* alle in der Kindheit eine amphigene Phase durchmachen, trifft man auf die nämliche infantile Präponderanz der Genitalzone, speziell des Penis. Ja, diese Hochschätzung des männlichen Gliedes wird zum Schicksal für die Homosexuellen. Sie wählen das

Weib zum Sexualobjekt in ihrer Kindheit, solange sie auch beim Weibe die Existenz dieses ihnen unentbehrlich dünkenden Körperteiles voraussetzen; mit der Überzeugung, daß das Weib sie in diesem Punkte getäuscht hat, wird das Weib für sie als Sexualobjekt unannehmbar. Sie können den Penis bei der Person, die sie zum Sexualverkehre reizen soll, nicht entbehren und fixieren ihre Libido im günstigen Falle auf »das Weib mit dem Penis«, den feminin erscheinenden Jüngling. Die Homosexuellen sind also Personen, welche durch die erogene Bedeutung des eigenen Genitales gehindert worden sind, bei ihrem Sexualobjekt auf diese Übereinstimmung mit der eigenen Person zu verzichten. Sie sind in der Entwicklung vom Autoerotismus zur Objektliebe an einer Stelle, dem Autoerotismus näher, fixiert geblieben.

Es ist ganz und gar unzulässig, einen besonderen homosexuellen Trieb zu unterscheiden; es ist nicht eine Besonderheit des Trieblebens, sondern der Objektwahl, die den Homosexuellen ausmacht. Ich verweise darauf, was ich in der »Sexualtheorie« ausgeführt habe, daß wir uns irrigerweise die Vereinigung von Trieb und Objekt im Sexualleben als eine zu innige vorgestellt haben. Der Homosexuelle kommt mit seinen – vielleicht normalen – Trieben von einem, durch eine bestimmte Bedingung ausgezeichneten Objekt nicht mehr los; in seiner Kindheit kann er sich, weil diese Bedingung überall als selbstverständlich erfüllt gilt, benehmen wie unser kleiner Hans, der unterschiedslos zärtlich ist mit Buben wie mit Mädchen und gelegentlich seinen Freund Fritzl für »sein liebstes Mäderl« erklärt. Hans ist homosexuell, wie es alle Kinder sein können, ganz im Einklange mit der nicht zu übersehenden Tatsache, daß er nur *eine Art von Genitale kennt,* ein Genitale wie das seinige.[1]

Die weitere Entwicklung unseres kleinen Erotikers geht aber nicht zur Homosexualität, sondern zu einer energischen, sich polygam gebärdenden Männlichkeit, die sich je

[1] [Zusatz 1923:] Ich habe später (1923) hervorgehoben, daß die Periode der Sexualentwicklung, in der sich auch unser kleiner Patient befindet, ganz allgemein dadurch ausgezeichnet ist, daß sie nur *ein* Genitale, das männliche, kennt: zum Unterschied von der späteren Periode der Reife besteht in ihr nicht ein Genitalprimat, sondern das Primat des Phallus.

nach ihren wechselnden weiblichen Objekten anders zu benehmen weiß, hier dreist zugreift und dort sehnsüchtig und verschämt schmachtet. In einer Zeit der Armut an anderen Objekten zur Liebe geht diese Neigung auf die Mutter zurück, von der her sie sich zu anderen gewendet hatte, um bei der Mutter in der Neurose zu scheitern. Erst dann erfahren wir, zu welcher Intensität die Liebe zur Mutter sich entwickelt und welche Schicksale sie durchgemacht hatte. Das Sexualziel, das er bei seinen Gespielinnen verfolgte, bei ihnen zu *schlafen,* rührte bereits von der Mutter her; es ist in die Worte gefaßt, die es auch im reifen Leben beibehalten kann, wenngleich der Inhalt dieser Worte eine Bereicherung erfahren wird. Der Knabe hatte auf dem gewöhnlichen Wege, von der Kinderpflege aus, den Weg zur Objektliebe gefunden und ein neues Lusterlebnis war für ihn bestimmend geworden, das Schlafen neben der Mutter, auf dessen Zusammensetzung wir die Berührungslust der Haut, die uns allen konstitutionell eignet, herausheben würden, während es nach der uns artifiziell erscheinenden Nomenklatur von *Moll* als Befriedigung des Kontrektationstriebes zu bezeichnen wäre.

In seinem Verhältnisse zu Vater und Mutter bestätigt Hans aufs grellste und greifbarste alles, was ich in der »Traumdeutung« und in der »Sexualtheorie« über die Sexualbeziehungen der Kinder zu den Eltern behauptet habe. Er ist wirklich ein kleiner Ödipus, der den Vater »weg«, beseitigt haben möchte, um mit der schönen Mutter allein zu sein, bei ihr zu schlafen. Dieser Wunsch entstand im Sommeraufenthalte, als die Abwechslungen von Anwesenheit und Abwesenheit des Vaters ihn auf die Bedingung hinwiesen, an welche die ersehnte Intimität mit der Mutter gebunden war. Er begnügte sich damals mit der Fassung, der Vater solle »wegfahren«, an welche später die Angst, von einem weißen Pferde gebissen zu werden, unmittelbar anknüpfen konnte, dank einem akzidentellen Eindrucke bei einer anderen Abreise. Er erhob sich später, wahrscheinlich erst in Wien, wo auf Verreisen des Vaters nicht mehr zu rechnen war, zum Inhalte, der Vater solle dauernd weg, solle »tot« sein. Die aus diesem Todeswunsche gegen den Vater entspringende, also normal zu motivierende Angst vor dem Vater bildete das größte Hindernis der Analyse, bis sie in der Aussprache in meiner Ordination beseitigt wurde.[1]

Unser Hans ist aber wahrlich kein Bösewicht, nicht einmal ein Kind, bei welchem die grausamen und gewalttätigen Neigungen der menschlichen Natur um diese Zeit des Lebens noch ungehemmt entfaltet sind. Er ist im Gegenteil von ungewöhnlich gutmütigem und zärtlichem Wesen; der Vater hat notiert, daß sich die Verwandlung der Aggressionsneigung in Mitleiden bei ihm sehr frühzeitig vollzogen hat. Lange vor der Phobie wurde er unruhig, wenn er im Ringelspiele die Pferde schlagen sah, und er blieb nie ungerührt, wenn jemand in seiner Gegenwart weinte. An einer Stelle der Analyse kommt in einem gewissen Zusammenhange ein unterdrücktes Stück Sadismus bei ihm zum Vorschein;[2] aber es war unterdrückt, und wir werden später aus dem Zusammenhange zu erraten haben, wofür es steht und was es ersetzen soll. Hans liebt auch den Vater innig, gegen den er diese Todeswünsche hegt, und während seine Intelligenz den Widerspruch beanstandet,[3] muß er dessen tatsächliches Vorhandensein demonstrieren, indem er den Vater schlägt und sofort darauf die geschlagene Stelle küßt. Auch wir wollen uns hüten, diesen Widerspruch anstößig zu finden; aus solchen Gegensatzpaaren ist das Gefühlsleben der Menschen überhaupt zusammengesetzt;[4] ja, es käme vielleicht nicht zur Verdrängung und zur Neurose, wenn es anders wäre. Diese Gefühlsgegensätze, die dem Erwachsenen gewöhnlich nur in der höchsten Liebesleidenschaft gleichzeitig bewußt werden, sonst einander zu unterdrücken pflegen, bis es dem einen gelingt, das andere verdeckt zu halten, finden im Seelenleben des Kindes eine ganze Weile über friedlich nebeneinander Raum.

[1] Die beiden Einfälle Hansens: Himbeersaft und Gewehr zum Totschießen werden gewiß nicht nur einseitig determiniert gewesen sein. Sie haben wahrscheinlich mit dem Hasse gegen den Vater ebensoviel zu tun wie mit dem Verstopfungskomplex. Der Vater, der die letztere Zurückführung selbst errät, denkt bei »Himbeersaft« auch an Blut.

[2] Die Pferde schlagen und necken wollen.

[3] Vgl. die kritischen Fragen an den Vater (oben S. 48).

[4] »Das macht, ich bin kein ausgeklügelt Buch.
Ich bin ein Mensch mit seinem Widerspruch.« *C. F. Meyer,* Huttens letzte Tage.

Die größte Bedeutung für die psychosexuelle Entwicklung unseres Knaben hat die Geburt einer kleinen Schwester gehabt, als er 3½ Jahre alt war. Dieses Ereignis hat seine Beziehungen zu den Eltern verschärft, seinem Denken unlösliche Aufgaben gestellt, und das Zuschauen bei der Kinderpflege hat dann die Erinnerungsspuren seiner eigenen frühesten Lusterlebnisse wiederbelebt. Auch dieser Einfluß ist ein typischer; in einer unerwartet großen Anzahl von Lebens- und Krankengeschichten muß man dieses Aufflammen der sexuellen Lust und der sexuellen Wißbegierde, das an die Geburt des nächsten Kindes anknüpft, zum Ausgangspunkte nehmen. Hansens Benehmen gegen den Ankömmling ist das in der »Traumdeutung«[1] geschilderte. Im Fieber wenige Tage nachher verrät er, wie wenig er mit diesem Zuwachs einverstanden ist. Hier ist die Feindseligkeit das zeitlich Vorangehende, die Zärtlichkeit mag nachfolgen.[2] Die Angst, daß noch ein neues Kind nachkommen könne, hat seither eine Stelle in seinem bewußten Denken. In der Neurose ist die bereits unterdrückte Feindseligkeit durch eine besondere Angst, die vor der Badewanne, vertreten; in der Analyse bringt er den Todeswunsch gegen die Schwester unverhohlen zum Ausdrucke, nicht bloß in Anspielungen, die der Vater vervollständigen muß. Seine Selbstkritik läßt ihm diesen Wunsch nicht so arg erscheinen wie den analogen gegen den Vater; aber er hat offenbar beide Personen in gleicher Weise im Unbewußten behandelt, weil sie beide ihm die Mammi wegnehmen, ihn im Alleinsein mit ihr stören.

Dies Ereignis und die mit ihm verknüpften Erweckungen haben übrigens seinen Wünschen eine neue Richtung gegeben. In der sieghaften Schlußphantasie zieht er dann die Summe aller seiner erotischen Wunschregungen, der aus der autoerotischen Phase stammenden und der mit der Objektliebe zusammenhängenden. Er ist mit der schönen Mutter verheiratet und hat ungezählte Kinder, die er nach seiner Weise pflegen kann.

[1] S. 257, 4. Aufl. [in der Taschenbuchausgabe – Bd. 6344 – S. 213 – Anm. d. Red.]
[2] Vgl. seine Vorsätze, wenn die Kleine erst sprechen kann (oben S. 73).

Hans erkrankt eines Tages an Angst auf der Straße. Er kann noch nicht sagen, wovor er sich fürchtet, aber zu Beginn seines Angstzustandes verrät er auch dem Vater das Motiv seines Krankseins, den Krankheitsgewinn. Er will bei der Mutter bleiben, mit ihr schmeicheln; die Erinnerung, daß er auch von ihr getrennt war zur Zeit, als das Kind kam, mag, wie der Vater meint, zu dieser Sehnsucht beitragen. Bald erweist sich, daß diese Angst nicht mehr in Sehnsucht zurückzuübersetzen ist, er fürchtet sich auch, wenn die Mutter mit ihm geht. Unterdes erhalten wir Anzeichen von dem, woran sich die zur Angst gewordene Libido fixiert hat. Er äußert die ganz spezialisierte Furcht, daß ihn ein weißes Pferd beißen wird.

Wir benennen einen solchen Krankheitszustand eine »Phobie« und könnten den Fall unseres Kleinen der Agoraphobie zurechnen, wenn diese Affektion nicht dadurch ausgezeichnet wäre, daß die sonst unmögliche Leistung im Raume jedesmal durch die Begleitung einer gewissen dazu auserwählten Person, im äußersten Falle des Arztes, leicht möglich wird. Hansens Phobie hält diese Bedingung nicht ein, sieht bald vom Raume ab und nimmt immer deutlicher das Pferd zum Objekte; in den ersten Tagen äußert er auf der Höhe des Angstzustandes die Befürchtung: »Das Pferd wird ins Zimmer kommen«, die mir das Verständnis seiner Angst so sehr erleichtert hat.

Die Stellung der »Phobien« im System der Neurosen ist bisher eine unbestimmte gewesen. Sicher scheint, daß man in den Phobien nur Syndrome erblicken darf, die verschiedene Neurosen angehören können, ihnen nicht die Bedeutung besonderer Krankheitsprozesse einzuräumen braucht. Für die Phobie von der Art wie die unseres kleinen Patienten, die ja die häufigsten sind, scheint mir die Bezeichnung »Angsthysterie« nicht unzweckmäßig; ich habe sie Herrn *Dr. W. Stekel* vorgeschlagen, als er die Darstellung der nervösen Angstzustände unternahm, und ich hoffe, daß sie sich einbürgern wird.[1] Sie rechtfertigt sich durch die voll-

[1] *W. Stekel.* Nervöse Angstzustände und ihre Behandlung. 1908.

kommene Übereinstimmung im psychischen Mechanismus dieser Phobien mit der Hysterie bis auf einen, aber entscheidenden und zur Sonderung geeigneten Punkt. Die aus dem pathogenen Material durch die Verdrängung entbundene Libido wird nämlich nicht *konvertiert*, aus dem Seelischen heraus zu einer körperlichen Innervation verwendet, sondern wird als Angst frei. In den vorkommenden Krankheitsfällen kann sich diese »Angsthysterie« mit der *»Konversionshysterie«* in beliebigem Ausmaße vermengen. Es gibt auch reine Konversionshysterie ohne jede Angst sowie bloße Angsthysterie, die sich in Angstempfindungen und Phobien äußert, ohne Konversionszusatz; ein Fall letzterer Art ist der unseres kleinen Hans.

Die Angsthysterien sind die häufigsten aller psychoneurotischen Erkrankungen, vor allem aber die zuerst im Leben auftretenden, es sind geradezu die Neurosen der Kinderzeit. Wenn eine Mutter etwa von ihrem Kind erzählt, es sei sehr »nervös«, so kann man in 9 unter 10 Fällen darauf rechnen, daß das Kind irgend eine Art von Angst oder viele Ängstlichkeiten zugleich hat. Leider ist der feinere Mechanismus dieser so bedeutsamen Erkrankungen noch nicht genügend studiert; es ist noch nicht festgestellt, ob die Angsthysterie zum Unterschiede von der Konversionshysterie und von anderen Neurosen ihre einzige Bedingung in konstitutionellen Momenten oder im akzidentellen Erleben hat, oder in welcher Vereinigung von beiden sie sie findet.[1] Es scheint mir, daß es diejenige neurotische Erkrankung ist, welche die geringsten Ansprüche auf eine besondere Konstitution erhebt und im Zusammenhange damit am leichtesten zu jeder Lebenszeit akquiriert werden kann.

Ein wesentlicher Charakter der Angsthysterien läßt sich leicht hervorheben. Die Angsthysterie entwickelt sich immer mehr zur »Phobie«; am Ende kann der Kranke angstfrei geworden sein, aber nur auf Kosten von Hemmungen und

[1] [*Zusatz 1923:*] Die hier aufgeworfene Frage ist zwar nicht weiter verfolgt worden. Es besteht aber kein Grund, für die Angsthysterie eine Ausnahme von der Regel anzunehmen, daß Anlage und Erleben für die Ätiologie einer Neurose zusammenwirken müssen. Ein besonderes Licht auf die in der Kindheit so starke Disposition zur Angsthysterie scheint die Auffassung *Rank's* von der Wirkung des Geburtstraumas zu werfen.

Einschränkungen, denen er sich unterwerfen mußte. Es gibt bei der Angsthysterie eine von Anfang an fortgesetzte psychische Arbeit, um die frei gewordene Angst wieder psychisch zu binden, aber diese Arbeit kann weder die Rückverwandlung der Angst in Libido herbeiführen noch an dieselben Komplexe anknüpfen, von denen die Libido herrührt. Es bleibt ihr nichts anderes übrig, als jeden der möglichen Anlässe zur Angstentwicklung durch einen psychischen Vorbau von der Art einer Vorsicht, einer Hemmung, eines Verbotes zu sperren, und diese Schutzbauten sind es, die uns als Phobien erscheinen und für unsere Wahrnehmung das Wesen der Krankheit ausmachen.

Man darf sagen, daß die Behandlung der Angsthysterie bisher eine rein negative gewesen ist. Die Erfahrung hat gezeigt, daß es unmöglich, ja unter Umständen gefährlich ist, die Heilung der Phobie auf gewalttätige Art zu erreichen, indem man den Kranken in eine Situation bringt, in welcher er die Angstentbindung durchmachen muß, nachdem man ihm seine Deckung entzogen hat. So läßt man ihn notgedrungen Schutz suchen, wo er ihn zu finden glaubt, und bezeugt ihm eine wirkungslose Verachtung wegen seiner »unbegreiflichen Feigheit«.

Für die Eltern unseres kleinen Patienten stand von Beginn der Erkrankung an fest, daß man ihn weder auslachen noch brutalisieren dürfe, sondern den Zugang zu seinen verdrängten Wünschen auf psychoanalytischem Wege suchen müsse. Der Erfolg belohnte die außerordentliche Bemühung seines Vaters, dessen Mitteilungen uns Gelegenheit geben werden, in das Gefüge einer solchen Phobie einzudringen und den Weg der bei ihr vorgenommenen Analyse zu verfolgen.

Es ist mir nicht unwahrscheinlich, daß die Analyse durch ihre Ausdehnung und Ausführlichkeit dem Leser einigermaßen undurchsichtig geworden ist. Ich will darum zuerst ihren Verlauf verkürzt wiederholen mit Weglassung alles störenden Beiwerks und Hervorhebung der Ergebnisse, die sich schrittweise erkennen lassen.

Wir erfahren zunächst, daß der Ausbruch des Angstzustandes kein so plötzlicher war, wie es auf den ersten Blick erschien. Einige Tage vorher war das Kind aus einem Angsttraum erwacht, dessen Inhalt war, die Mama sei weg und er habe jetzt keine Mama zum Schmeicheln. Schon dieser Traum weist auf einen Verdrängungsvorgang von bedenklicher Intensität. Seine Aufklärung kann nicht lauten, wie bei vielen Angstträumen sonst, daß das Kind aus irgend welchen somatischen Quellen im Traume Angst verspürt und diese Angst nun zur Erfüllung eines sonst intensiv verdrängten Wunsches aus dem Unbewußten benutzt hat, sondern es ist ein echter Straf- und Verdrängungstraum, bei dem auch die Funktion des Traumes fehlschlägt, da das Kind mit Angst aus dem Schlaf erwacht. Der eigentliche Vorgang im Unbewußten läßt sich leicht rekonstruieren. Das Kind hat von Zärtlichkeiten mit der Mutter geträumt, bei ihr geschlafen, alle Lust ist in Angst und aller Vorstellungsinhalt in sein Gegenteil verwandelt worden. Die Verdrängung hat den Sieg über den Traummechanismus davongetragen.

Aber die Anfänge dieser psychologischen Situation gehen noch weiter zurück. Schon im Sommer gab es ähnliche sehnsüchtig-ängstliche Stimmungen, in denen er ähnliches äußerte, und die ihm damals den Vorteil brachten, daß ihn die Mutter zu sich ins Bett nahm. Seit dieser Zeit etwa dürften wir den Bestand einer gesteigerten sexuellen Erregung bei Hans annehmen, deren Objekt die Mutter ist, deren Intensität sich in zwei Verführungsversuchen an der Mutter äußert – der letzte ganz kurz vor dem Ausbruche der Angst –, und die sich nebenbei in allabendlicher masturbatorischer Befriedigung entlädt. Ob dann der Umschlag dieser Erregung sich spontan vollzieht oder infolge der Abweisung der Mutter oder durch die zufällige Erweckung früherer Eindrücke bei der später zu erfahrenden »Veranlassung« der Erkrankung, das ist nicht zu entscheiden, ist wohl auch gleichgültig, da die drei verschiedenen Fälle nicht als Gegensätze aufgefaßt werden können. Die Tatsache ist die des Umschlags der sexuellen Erregung in die Angst.

Von dem Benehmen des Kindes in der ersten Zeit der Angst haben wir schon gehört, auch daß der erste Inhalt, den es seiner Angst gibt, lautet: Ein *Pferd* wird es beißen. Hier findet nun die erste Einmengung der Therapie statt. Die

Eltern weisen darauf hin, daß die Angst die Folge der Masturbation sei, und leiten ihn zur Entwöhnung von derselben an. Ich sorge dafür, daß die Zärtlichkeit für die Mutter, die er gegen die Angst vor den Pferden vertauschen möchte, kräftig vor ihm betont werde. Eine geringfügige Besserung nach dieser ersten Einflußnahme geht bald in einer Zeit körperlichen Krankseins unter. Der Zustand ist unverändert. Bald darauf findet Hans die Ableitung der Furcht, daß ihn ein Pferd beißen wird, von der Reminiszenz eines Eindruckes in Gmunden. Ein Vater warnte damals sein Kind bei der Abreise: Gib den Finger nicht zum Pferde, sonst wird es dich beißen. Der Wortlaut, in den Hans die Warnung des Vaters kleidet, erinnert an die Wortfassung der Onanieverwarnung (den Finger hingeben). Die Eltern scheinen so zuerst recht zu behalten, daß Hans sich vor seiner onanistischen Befriedigung schreckt. Der Zusammenhang ist aber noch ein loser und das Pferd scheint zu seiner Schreckensrolle recht zufällig geraten zu sein.
Ich hatte die Vermutung geäußert, daß sein verdrängter Wunsch jetzt lauten könnte, er wolle durchaus den Wiwimacher der Mutter sehen. Da sein Benehmen gegen ein neu eingetretenes Hausmädchen dazu stimmt, wird ihm vom Vater die erste Aufklärung erteilt: Frauen haben keinen Wiwimacher. Er reagiert auf diese erste Hilfeleistung mit der Mitteilung einer Phantasie, er habe die Mama gesehen, wie sie ihren Wiwimacher gezeigt habe.[1] Diese Phantasie und eine im Gespräch geäußerte Bemerkung, sein Wiwimacher sei doch angewachsen, gestatten den ersten Einblick in die unbewußten Gedankengänge des Patienten. Er stand wirklich unter dem nachträglichen Eindruck der Kastrationsdrohung der Mutter, die 1¼ Jahre früher vorgefallen war, denn die Phantasie, daß die Mutter das gleiche tue, die gewöhnliche »Retourkutsche« beschuldigter Kinder, soll ja seiner Entlastung dienen; sie ist eine Schutz- und Abwehrphantasie. Indes müssen wir uns sagen, daß es die Eltern waren, welche aus dem in Hans wirksamen pathogenen Material das Thema der Beschäftigung mit dem Wiwima-

[1] Aus dem Zusammenhange ist zu ergänzen: und dabei berührt habe (S. 37). Er kann ja seinen Wiwimacher nicht zeigen, ohne ihn zu berühren.

cher hervorgeholt haben. Er ist ihnen darin gefolgt, hat aber noch nicht selbsttätig in die Analyse eingegriffen. Ein therapeutischer Erfolg ist nicht zu beobachten. Die Analyse ist weit weg von den Pferden, und die Mitteilung, daß Frauen keinen Wiwimacher haben, ist durch ihren Inhalt eher geeignet, seine Besorgnis um die Erhaltung des eigenen Wiwimachers zu steigern.
Es ist aber nicht der therapeutische Erfolg, den wir an erster Stelle anstreben, sondern wir wollen den Patienten in den Stand setzen, seine unbewußten Wunschregungen bewußt zu erfassen. Dies erreichen wir, indem wir auf Grund der Andeutungen, die er uns macht, mit Hilfe unserer Deutekunst den unbewußten Komplex mit *unseren Worten* vor sein Bewußtsein bringen. Das Stück Ähnlichkeit zwischen dem, was er gehört hat, und dem, was er sucht, das sich selbst, trotz aller Widerstände, zum Bewußtsein durchdrängen will, setzt ihn in den Stand, das Unbewußte zu finden. Der Arzt ist ihm im Verständnisse um ein Stück voraus; er kommt auf seinen eigenen Wegen nach, bis sie sich am bezeichneten Ziel treffen. Anfänger in der Psychoanalyse pflegen diese beiden Momente zu verschmelzen und den Zeitpunkt, in dem ihnen ein unbewußter Komplex des Kranken kenntlich geworden ist, auch für den zu halten, in dem der Kranke ihn erfaßt. Sie erwarten zu viel, wenn sie mit der Mitteilung dieser Erkenntnis den Kranken heilen wollen, während er das Mitgeteilte nur dazu verwenden kann, mit dessen Hilfe den unbewußten Komplex in seinem Unbewußten, *dort wo er verankert* ist, aufzufinden. Einen ersten Erfolg dieser Art erzielen wir nun bei Hans. Er ist jetzt nach der partiellen Bewältigung des Kastrationskomplexes imstande, seine Wünsche auf die Mutter mitzuteilen, und er tut dies in noch entstellter Form durch die *Phantasie von den beiden Giraffen*, von denen die eine erfolglos schreit, weil er von der anderen Besitz ergreift. Die Besitzergreifung stellt er unter dem Bilde des Sichdaraufsetzens dar. Der Vater erkennt in dieser Phantasie eine Reproduktion einer Szene, die sich morgens im Schlafzimmer zwischen den Eltern und dem Kinde abgespielt hat, und versäumt nicht, dem Wunsche die ihm noch anhaftende Entstellung abzustreifen. Er und die Mutter sind die beiden Giraffen.

Die Einkleidung in die Giraffenphantasie ist hinreichend determiniert durch den Besuch bei diesen großen Tieren in Schönbrunn wenige Tage vorher, durch die Giraffenzeichnung, die der Vater aus früheren Zeiten aufbewahrt hat, vielleicht auch durch eine unbewußte Vergleichung, die an den langen und steifen Hals der Giraffe anknüpft.[1] Wir merken, daß die Giraffe als großes und durch seinen Wiwimacher interessantes Tier ein Konkurrent der Pferde in ihrer Angstrolle hätte werden können, und auch daß Vater und Mutter beide als Giraffen vorgeführt werden, gibt einen vorläufig noch nicht verwerteten Wink für die Deutung der Angstpferde.

Zwei kleinere Phantasien, die Hans unmittelbar nach der Giraffendichtung bringt, daß er in Schönbrunn sich in einen verbotenen Raum drängt, daß er in der Stadtbahn ein Fenster zerschlägt, wobei beide Male das Strafbare der Handlung betont ist und der Vater als Mitschuldiger erscheint, entziehen sich leider der Deutung des Vaters. Ihre Mitteilung bringt darum auch Hans keinen Nutzen. Aber was so unverstanden geblieben ist, das kommt wieder; es ruht nicht, wie ein unerlöster Geist, bis es zur Lösung und Erlösung gekommen ist.

Das Verständnis der beiden verbrecherischen Phantasien bietet uns keine Schwierigkeiten. Sie gehören zum Komplex des Besitzergreifens von der Mutter. In dem Kinde ringt es wie eine Ahnung von etwas, was er mit der Mutter machen könnte, womit die Besitzergreifung vollzogen wäre, und er findet für das Unfaßbare gewisse bildliche Vertretungen, denen das Gewalttätige, Verbotene gemeinsam ist, deren Inhalt uns so merkwürdig gut zur verborgenen Wirklichkeit zu stimmen scheint. Wir können nur sagen, es sind symbolische Koitusphantasien, und es ist keineswegs nebensächlich, daß der Vater dabei mittut: »Ich möchte mit der Mama etwas tun, etwas Verbotenes, ich weiß nicht was, aber ich weiß, du tust es auch.«

Die Giraffenphantasie hatte bei mir eine Überzeugung verstärkt, die sich bereits bei der Äußerung des kleinen Hans: »Das Pferd wird ins Zimmer kommen«, geregt hatte, und

[1] Dazu stimmt die spätere Bewunderung Hansens für den Hals seines Vaters.

ich fand den Moment geeignet, ihm als ein wesentlich zu postulierendes Stück seiner unbewußten Regungen mitzuteilen: seine Angst vor dem Vater wegen seiner eifersüchtigen und feindseligen Wünsche gegen ihn. Damit hatte ich ihm teilweise die Angst vor den Pferden gedeutet, der Vater mußte das Pferd sein, vor dem er sich mit guter innerer Begründung fürchtete. Gewisse Einzelheiten, das Schwarze am Munde und das vor den Augen (Schnurrbart und Augengläser als Vorrechte des erwachsenen Mannes), vor denen Hans Angst äußerte, schienen mir direkt vom Vater auf die Pferde versetzt zu sein.
Mit dieser Aufklärung hatte ich den wirksamsten Widerstand gegen die Bewußtmachung der unbewußten Gedanken bei Hans beseitigt, da ja der Vater selbst die Rolle des Arztes bei ihm spielte. Die Höhe des Zustandes war von da an überschritten, das Material floß reichlich, der kleine Patient zeigte Mut, die Einzelheiten seiner Phobie mitzuteilen, und griff bald selbständig in den Ablauf der Analyse ein.[1]
Man erfährt erst jetzt, vor welchen Objekten und Eindrükken Hans Angst hat. Nicht allein vor Pferden und daß Pferde ihn beißen, davon wird es bald stille, sondern auch vor Wagen, Möbelwagen und Stellwagen, als deren Gemeinsames sich alsbald die schwere Belastung herausstellt, vor Pferden, die sich in Bewegung setzen, Pferden, die groß und schwer aussehen, Pferden, die schnell fahren. Den Sinn dieser Bestimmungen gibt Hans dann selbst an; er hat Angst, daß die Pferde *umfallen*, und macht so alles zum Inhalte seiner Phobie, was dies Umfallen der Pferde zu erleichtern scheint.
Es ist gar nicht selten, daß man den eigentlichen Inhalt einer Phobie, den richtigen Wortlaut eines Zwangsimpulses u. dgl. erst nach einem Stücke psychoanalytischer Bemühung zu hören bekommt. Die Verdrängung hat nicht nur die

[1] Die Angst vor dem Vater spielt noch in den Analysen, die man als Arzt mit Fremden vornimmt, eine der bedeutsamsten Rollen als Widerstand gegen die Reproduktion des unbewußten pathogenen Materials. Die Widerstände sind zum Teil von der Natur der »Motive«, überdies ist, wie in diesem Beispiel, ein Stück des unbewußten Materials *inhaltlich* befähigt, als Hemmung gegen die Reproduktion eines andern Stückes zu dienen.

unbewußten Komplexe getroffen, sie richtet sich auch noch fortwährend gegen deren Abkömmlinge und hindert den Kranken an der Wahrnehmung seiner Krankheitsprodukte selbst. Man ist da in der seltsamen Lage, als Arzt der Krankheit zu Hilfe zu kommen, um Aufmerksamkeit für sie zu werben, aber nur wer das Wesen der Psychoanalyse völlig verkennt, wird diese Phase der Bemühung hervorheben und darob eine Schädigung durch die Analyse erwarten. Die Wahrheit ist, daß die Nürnberger keinen henken, den sie nicht zuvor in die Hand bekommen haben, und daß es einiger Arbeit bedarf, um der krankhaften Bildungen, die man zerstören will, habhaft zu werden.

Ich erwähnte schon in den die Krankengeschichte begleitenden Glossen, daß es sehr instruktiv ist, sich so in das Detail einer Phobie zu vertiefen und sich den sicheren Eindruck einer sekundär hergestellten Beziehung zwischen der Angst und ihren Objekten zu holen. Daher das eigentümlich diffuse und dann wiederum so streng bedingte Wesen einer Phobie. Das Material zu diesen Speziallösungen hat sich unser kleiner Patient offenbar aus den Eindrücken geholt, die er infolge der Lage der Wohnung gegenüber dem Hauptzollamte tagsüber vor Augen haben kann. Er verrät auch in diesem Zusammenhang eine jetzt durch die Angst gehemmte Regung, mit den Ladungen der Wagen, dem Gepäcke, den Fässern und Kisten wie die Buben der Gasse zu spielen.

In diesem Stadium der Analyse findet er das an sich nicht bedeutsame Erlebnis wieder, welches dem Ausbruche der Krankheit unmittelbar vorausgegangen ist, und das wohl als die Veranlassung für diesen Ausbruch angesehen werden darf. Er ging mit der Mama spazieren und sah ein Stellwagenpferd umfallen und mit den Füßen zappeln. Dies machte auf ihn einen großen Eindruck. Er erschrak heftig, meinte, das Pferd sei tot; von jetzt ab würden alle Pferde umfallen. Der Vater weist ihn darauf hin, daß er bei dem fallenden Pferde an ihn, den Vater, gedacht und gewünscht haben muß, er solle so fallen und tot sein. Hans sträubt sich nicht gegen diese Deutung; eine Weile später akzeptiert er durch ein Spiel, das er aufführt, indem er den Vater beißt, die Identifizierung des Vaters mit dem gefürchteten Pferde und benimmt sich von da ab frei und furchtlos, ja, selbst ein wenig übermütig gegen seinen Vater. Die Angst vor Pferden hält aber noch an, und infolge welcher Verkettung das fallende Pferd seine unbewußten Wünsche aufgerührt hat, ist uns noch nicht klar.

Fassen wir zusammen, was sich bisher ergeben hat: Hinter der erst geäußerten Angst, das Pferd werde ihn beißen, ist die tiefer liegende Angst, die Pferde werden umfallen, aufgedeckt worden, und beide, das beißende wie das fallende Pferd, sind der Vater, der ihn strafen wird, weil er so böse Wünsche gegen ihn hegt. Von der Mutter sind wir unterdes in der Analyse abgekommen.

Ganz unerwartet und gewiß ohne Dazutun des Vaters beginnt nun Hans sich mit dem »Lumpfkomplex« zu beschäftigen und Ekel vor Dingen zu zeigen, die ihn an die Stuhlentleerung erinnern. Der Vater, der hier nur ungern mitgeht, setzt mittendrin die Fortsetzung der Analyse durch, wie er sie leiten möchte, und bringt Hans zur Erinnerung eines Erlebnisses in Gmunden, dessen Eindruck sich hinter dem des fallenden Stellwagenpferdes verbarg. Fritzl, sein geliebter Spielgenosse, vielleicht auch sein Konkurrent bei den vielen Gespielinnen, hatte im Pferdespiele mit dem Fuße an einen Stein gestoßen, war umgefallen und der Fuß hatte geblutet. An diesen Unfall hatte das Erlebnis mit dem fallenden Stellwagenpferd erinnert. Es ist bemerkenswert, daß Hans, der zurzeit mit anderen Dingen beschäftigt ist, das Umfallen Fritzls, das den Zusammenhang herstellt, zuerst leugnet, erst in einem späteren Stadium der Analyse zugesteht. Für uns mag es aber interessant sein hervorzuheben, wie sich die Verwandlung von Libido in Angst auf das Hauptobjekt der Phobie, das Pferd, projiziert. Pferde waren ihm die interessantesten großen Tiere, Pferdespiel das liebste Spiel mit seinen kindlichen Genossen. Die Vermutung, daß der Vater ihm zuerst als Pferd gedient hat, wird durch Erkundigung beim Vater bestätigt, und so konnte sich bei dem Unfalle in Gmunden der Person des Vaters die Fritzls substituieren. Nach eingetretenem Verdrängungsumschwunge mußte er sich nun vor den Pferden fürchten, an die er vorher soviel Lust geknüpft hatte.

Aber wir sagten schon, daß wir diese letzte bedeutsame

Aufklärung über die Wirksamkeit des Krankheitsanlasses dem Eingreifen des Vaters verdanken. Hans ist bei seinen Lumpfinteressen und wir müssen ihm endlich dorthin folgen. Wir erfahren, daß er sich früher der Mutter als Begleiter aufs Klosett aufzudrängen pflegte, und daß er dies bei der damaligen Stellvertreterin der Mutter, seiner Freundin Berta, wiederholte, bis es bekannt und verboten wurde. Die Lust, bei den Verrichtungen einer geliebten Person zuzuschauen, entspricht auch einer »Triebverschränkung«, von der wir bei Hans bereits ein Beispiel bemerkt hatten. Endlich geht auch der Vater auf die Lumpfsymbolik ein und anerkennt eine Analogie zwischen einem schwer beladenen Wagen und einem mit Stuhlmassen belasteten Leibe, der Art, wie der Wagen aus dem Tore hinausfährt, und wie man den Stuhl aus dem Leib entläßt u. dgl.

Die Stellung Hansens in der Analyse hat sich aber gegen frühere Stadien wesentlich geändert. Konnte ihm der Vater früher voraussagen, was kommen würde, bis Hans, der Andeutung folgend, nachgetrabt war, so eilt er jetzt mit sicherem Schritte voraus und der Vater hat Mühe ihm zu folgen. Hans bringt wie unvermittelt eine neue Phantasie: Der Schlosser oder Installateur hat die Badewanne losgeschraubt, in welcher Hans sich befindet, und ihm dann mit seinem großen Bohrer in den Bauch gestoßen. Von jetzt an hinkt unser Verständnis dem Materiale nach. Wir können erst später erraten, daß dies die angstentstellte Umarbeitung einer *Zeugungsphantasie* ist. Die große Badewanne, in der Hans im Wasser sitzt, ist der Mutterleib; der »Bohrer«, der schon dem Vater als ein großer Penis kenntlich wird, dankt seine Erwähnung dem Geborenwerden. Es klingt natürlich sehr merkwürdig, wenn wir der Phantasie die Deutung geben müssen: Mit deinem großen Penis hast du mich »gebohrt« (zur Geburt gebracht) und mich in den Mutterleib hineingesetzt. Aber vorläufig entgeht die Phantasie der Deutung und dient Hans nur als Anknüpfung zur Fortführung seiner Mitteilungen.

Vor dem Baden in der großen Wanne zeigt Hans eine Angst, die wiederum zusammengesetzt ist. Ein Anteil derselben entgeht uns noch, der andere wird durch eine Beziehung zum Baden der kleinen Schwester alsbald aufgeklärt. Hans gibt den Wunsch zu, daß die Mutter die Kleine beim Baden fallen lassen möge, so daß sie sterbe; seine eigene Angst beim Baden war die vor der Vergeltung für diesen bösen Wunsch, vor der Strafe, daß es ihm so ergehen werde. Er verläßt nun das Thema des Lumpfes und übergeht unmittelbar darauf auf das der kleinen Schwester. Aber wir können ahnen, was diese Aneinanderreihung bedeutet. Nichts anderes, als daß die kleine Hanna selbst ein Lumpf ist, daß alle Kinder Lumpfe sind und wie Lumpfe geboren werden. Wir verstehen nun, daß alle Möbel-, Stell- und Lastwagen nur Storchenkistenwagen sind, auch nur als symbolische Vertretungen der Gravidität Interesse für ihn hatten, und daß er im Umfallen der schweren oder schwer belasteten Pferde nichts anderes gesehen haben kann als eine – Entbindung, ein Niederkommen. Das fallende Pferd war also nicht nur der sterbende Vater, sondern auch die Mutter in der Niederkunft.

Und nun bringt Hans die Überraschung, auf welche wir in der Tat nicht vorbereitet waren. Er hat die Gravidität der Mutter, die ja mit der Geburt der Kleinen endigte, als er 3 ¹/₂ Jahre war, bemerkt und sich den richtigen Sachverhalt, wenigstens nach der Entbindung, konstruiert, wohl ohne ihn zu äußern, vielleicht ohne ihn äußern zu können; es war damals nur zu beobachten, daß er unmittelbar nach der Entbindung sich so sehr skeptisch gegen alle Zeichen, die auf die Anwesenheit des Storches deuten sollten, benahm. *Aber daß er im Unbewußten und ganz im Gegensatze zu seinen offiziellen Reden gewußt, woher das Kind kam und wo es früher verweilt hatte,* das wird diese Analyse gegen jeden Zweifel sicher dargetan; es ist vielleicht das unerschütterlichste Stück derselben.

Den zwingenden Beweis dafür erbringt die hartnäckig festgehaltene, mit soviel Einzelheiten ausgeschmückte Phantasie, daß Hanna schon im Sommer vor ihrer Geburt mit ihnen in Gmunden war, wie sie hingereist ist und damals soviel mehr leisten konnte als ein Jahr später, nach ihrer Geburt. Die Frechheit, mit der Hans diese Phantasie vorträgt, die ungezählten tollen Lügen, die er in sie einflicht, sind beileibe nicht sinnlos; das alles soll seiner Rache am Vater dienen, dem er wegen der Irreführung durch das

Storchmärchen grollt. Es ist ganz so, als ob er sagen wollte: hast du mich für so dumm gehalten und mir zugemutet zu glauben, daß der Storch die Hanna gebracht hat, so kann ich dafür von dir verlangen, daß du meine Erfindungen für Wahrheit nimmst. In durchsichtigem Zusammenhange mit diesem Racheakte des kleinen Forschers an seinem Vater reiht sich nun die Phantasie vom Necken und Schlagen der Pferde an. Sie ist wiederum doppelt gefügt, lehnt sich einerseits an die Neckerei an, der er eben den Vater unterzogen hat, und bringt anderseits jene dunklen sadistischen Gelüste gegen die Mutter wieder, die sich, zuerst von uns noch unverstanden, in den Phantasien vom verbotenen Tun geäußert hatten. Bewußt gesteht er auch die Lust, die Mammi zu schlagen, ein.

Nun haben wir nicht mehr viel Rätsel zu erwarten. Eine dunkle Phantasie vom Zugversäumen scheint eine Vorläuferin der späteren Unterbringung des Vaters bei der Großmutter in Lainz zu sein, da sie eine Reise nach Lainz behandelt und die Großmutter in ihr vorkommt. Eine andere Phantasie, in der ein Bub dem Kondukteur 50.000 fl. gibt, damit er ihn mit dem Wagen fahren läßt, klingt fast wie ein Plan, dem Vater, dessen Stärke ja zum Teil in seinem Reichtume liegt, die Mutter abzukaufen. Dann gesteht er den Wunsch, den Vater zu beseitigen, und die Begründung desselben, weil er seine Intimität mit der Mutter störe, mit einer Offenheit ein, zu welcher er es bisher noch nicht gebracht hatte. Wir dürfen uns nicht verwundern, wenn dieselben Wunschregungen im Laufe der Analyse wiederholt auftreten; die Monotonie entsteht nämlich erst durch die angeknüpften Deutungen; für Hans sind es nicht bloße Wiederholungen, sondern fortschreitende Entwicklungen von der schüchternen Andeutung bis zur vollbewußten, von jeder Entstellung freien Klarheit.

Was nun noch folgt, sind solche von Hans ausgehenden Bestätigungen der für unsere Deutung bereits gesicherten analytischen Ergebnisse. Er zeigt in einer unzweideutigen Symptomhandlung, die er nur vor dem Hausmädchen, nicht vor dem Vater, leicht verkleidet, wie er sich eine Geburt vorstellt; aber wenn wir genauer zusehen, zeigt er noch mehr, deutet auf etwas hin, was in der Analyse nicht mehr zur Sprache kommt. Durch die runde Lücke im Gummileibe einer Puppe steckt er ein kleines Messerchen hinein, das der Mama gehört, und läßt es wieder herausfallen, indem er ihr die Beine auseinanderreißt. Die darauffolgende Aufklärung durch die Eltern, daß Kinder tatsächlich im Leibe der Mutter wachsen und wie ein Lumpf herausbefördert werden, kommt zu spät; sie kann ihm nichts mehr Neues sagen. Durch eine andere, wie zufällig erfolgende Symptomhandlung gibt er zu, daß er den Vater tot gewünscht hat, indem er ein Pferd, mit dem er spielt, umfallen läßt, d. h. umwirft, in dem Momente, da der Vater von diesem Todeswunsche spricht. Mit Worten bekräftigt er, daß die schwer beladenen Wagen ihm die Gravidität der Mutter vorstellten, und daß das Umfallen des Pferdes so war, wie wenn man ein Kind bekommt. Die köstlichste Bestätigung in diesem Zusammenhange, der Beweis, daß Kinder »Lumpfe« sind, durch die Erfindung des Namens »Lodi« für sein Lieblingskind kommt nur verspätet zu unserer Kenntnis, denn wir hören, daß er mit diesem Wurstkinde schon die längste Zeit gespielt hat.[1]

Die beiden abschließenden Phantasien Hansens, mit denen seine Herstellung vollkommen wird, haben wir bereits gewürdigt. Die eine, vom Installateur, der ihm einen neuen und, wie der Vater errät, größeren Wiwimacher ansetzt, ist doch nicht bloß die Wiederholung der früheren, die sich mit dem Installateur und der Badewanne beschäftigte. Sie ist eine siegreiche Wunschphantasie und enthält die Überwindung der Kastrationsangst. Die zweite Phantasie, die den Wunsch eingesteht, mit der Mutter verheiratet zu sein und viele Kinder mit ihr zu haben, erschöpft nicht bloß den Inhalt jener unbewußten Komplexe, die sich beim Anblicke des fallenden Pferdes gerührt und Angst entwickelt hatten, – sie korrigiert auch, was an jenen Gedanken schlechterdings unannehmbar war, indem sie, anstatt den Vater zu töten, ihn durch Erhöhung zur Ehe mit der Großmutter unschädlich

[1] Ein zunächst befremdender Einfall des genialen Zeichners Th. Th. *Heine*, der auf einem Blatte im Simplizissimus darstellt, wie das Kind des Selchermeisters in die Wurstmaschine gerät und dann als Würstchen von den Eltern betrauert, eingesegnet wird und gen Himmel fliegt, findet durch die Lodiepisode unserer Analyse seine Zurückführung auf eine infantile Wurzel.

macht. Mit dieser Phantasie schließen Krankheit und Analyse berechtigterweise ab.

Während der Analyse eines Krankheitsfalles kann man einen anschaulichen Eindruck von der Struktur und Entwicklung der Neurose nicht gewinnen. Es ist das die Sache einer synthetischen Arbeit, der man sich nachher unterziehen muß. Wenn wir diese Synthese bei der Phobie unseres kleinen Hans unternehmen, so knüpfen wir an die Schilderung seiner Konstitution, seiner leitenden sexuellen Wünsche und seiner Erlebnisse bis zur Geburt der Schwester an, die wir auf früheren Seiten dieser Abhandlung gegeben haben.

Die Ankunft dieser Schwester brachte ihm mehrerlei, was ihn von nun an nicht zur Ruhe kommen ließ. Zunächst ein Stück Entbehrung, zu Anfang eine zeitweilige Trennung von der Mutter und dann später eine dauernde Verminderung ihrer Fürsorge und Aufmerksamkeit, die er mit der Schwester zu teilen sich gewöhnen mußte. Zu zweit eine Wiederbelebung seiner Lusterlebnisse aus der Kinderpflege, hervorgerufen durch all das, was er die Mutter mit der kleinen Schwester vornehmen sah. Aus beiden Einflüssen ergab sich eine Steigerung seiner erotischen Bedürftigkeit, der es an Befriedigung zu mangeln begann. Für den Verlust, den ihm die Schwester gebracht hatte, entschädigt er sich durch die Phantasie, daß er selbst Kinder habe, und solange er (bei seinem zweiten Aufenthalte) in Gmunden mit diesen Kindern wirklich spielen konnte, fand seine Zärtlichkeit genügende Ableitung. Aber nach Wien zurückgekehrt, war er wieder einsam, heftete alle seine Ansprüche an die Mutter und litt weitere Entbehrung, da er seit dem Alter von 4 1/2 Jahren aus dem Schlafzimmer der Eltern verbannt worden war. Seine gesteigerte erotische Erregbarkeit äußerte sich nun in Phantasien, welche die Sommergespielen in seine Einsamkeit beschworen, und in regelmäßigen autoerotischen Befriedigungen durch masturbatorische Reizung des Genitales.

Drittens brachte ihm aber die Geburt der Schwester die Anregung zu einer Denkarbeit, die einerseits nicht zur Lösung zu bringen war, anderseits ihn in Gefühlskonflikte verstrickte. Das große Rätsel stellte sich für ihn ein, woher die Kinder kommen, das erste Problem vielleicht, dessen Lösung die Geisteskräfte des Kindes in Anspruch nimmt, von dem das Rätsel der thebanischen Sphinx wahrscheinlich nur eine Entstellung wiedergibt. Die ihm gebotene Aufklärung, der Storch habe die Hanna gebracht, wies er ab. Er hatte doch bemerkt, daß die Mutter Monate vor der Geburt der Kleinen einen großen Leib bekommen hatte, daß sie dann zu Bett gelegen, bei der Geburt gestöhnt hatte und dann schlank aufgestanden war. Er schloß also, die Hanna sei im Leibe der Mutter gewesen und dann herausgekommen wie ein »Lumpf«. Dieses Gebären konnte er sich lustvoll vorstellen, unter Anknüpfung an eigene früheste Lustempfindungen beim Stuhlgange, konnte sich also mit doppelter Motivierung wünschen, selbst Kinder zu haben, um sie mit Lust zu gebären und dann (mit Vergeltungslust gleichsam) zu pflegen. In all dem lag nichts, was ihn zu Zweifel oder zu Konflikt geführt hätte.

Aber es war noch etwas anderes da, was ihn stören mußte. Der Vater mußte etwas mit der *Geburt* der kleinen Hanna zu tun haben, denn er behauptete, Hanna und er selbst, Hans, seien seine Kinder. Er hatte sie aber gewiß nicht in die Welt gesetzt, sondern die Mama. Dieser Vater war ihm bei der Mutter im Wege. Wenn er da war, konnte er nicht bei der Mutter schlafen, und wenn die Mutter Hans ins Bett nehmen wollte, schrie der Vater. Hans hatte erfahren, wie gut er's bei Abwesenheit des Vaters haben könnte, und der Wunsch, den Vater zu beseitigen, war nur gerechtfertigt. Nun erhielt diese Feindseligkeit eine Verstärkung. Der Vater hatte ihm die Lüge vom Storch erzählt, und es ihm damit unmöglich gemacht, ihn in diesen Dingen um Aufklärung zu bitten. Er hinderte ihn nicht nur, bei der Mutter im Bette zu sein, sondern vorenthielt ihm auch das Wissen, nach dem er strebte. Er benachteiligte ihn nach beiden Richtungen, und dies offenbar zu seinem eigenen Vorteile.

Daß er nun diesen selben Vater, den er als Konkurrenten hassen mußte, seit jeher geliebt hatte und weiter lieben mußte, daß er ihm Vorbild war, sein erster Spielgenosse und gleichfalls sein Pfleger aus den ersten Jahren, das ergab den ersten, zunächst nicht lösbaren Gefühlskonflikt. Wie Hansens Natur sich entwickelt hatte, mußte die Liebe vorläufig die Oberhand behalten und den Haß unterdrücken, ohne ihn aufheben zu können, denn er wurde von der Liebe zur Mutter her immer von neuem gespeist.

Der Vater wußte aber nicht nur, woher die Kinder kommen, er übte es auch wirklich aus, das, was Hans nur dunkel ahnen konnte. Der Wiwimacher mußte etwas damit zu tun haben, dessen Erregung all diese Gedanken begleitete, und zwar ein großer, größer als Hans seinen fand. Folgte man den Empfindungsandeutungen, die sich da ergaben, so mußte es sich um eine Gewalttätigkeit handeln, die man an der Mama verübte, um ein Zerschlagen, ein Öffnungschaffen, ein Eindringen in einen abgeschlossenen Raum, den Impuls dazu konnte das Kind in sich verspüren; aber obwohl es auf dem Wege war, von seinen Penissensationen aus, die Vagina zu postulieren, so konnte es doch das Rätsel nicht lösen, denn so etwas, wie der Wiwimacher es brauchte, bestand ja in seiner Kenntnis nicht; vielmehr stand der Lösung die Überzeugung im Wege, daß die Mama einen Wiwimacher wie er besitze. Der Lösungsversuch, was man mit der Mama anfangen müßte, damit sie Kinder bekomme, versank im Unbewußten, und beiderlei aktive Impulse, der feindselige gegen den Vater wie der sadistisch-zärtliche gegen die Mutter, blieben verwendungslos, der eine infolge der neben dem Hasse vorhandenen Liebe, der andere vermöge der Ratlosigkeit, die sich aus den infantilen Sexualtheorien ergab.

Nur in dieser Weise vermag ich, auf die Resultate der Analyse gestützt, die unbewußten Komplexe und Wunschregungen zu konstruieren, deren Verdrängung und Wiedererweckung die Phobie des kleinen Hans zum Vorscheine brachte. Ich weiß, daß damit dem Denkvermögen eines Kindes zwischen 4 und 5 Jahren viel zugemutet ist, aber ich lasse mich von dem leiten, was wir neu erfahren haben, und halte mich durch die Vorurteile unserer Unwissenheit nicht für gebunden. Vielleicht hätte man die Angst vor dem »Krawallmachen mit den Beinen« benutzen können, um noch Lücken in unserem Beweisverfahren auszufüllen. Hans gab zwar an, es erinnere ihn an das Zappeln mit den Beinen, wenn er gezwungen werden sollte, sein Spiel zu unterbrechen, um Lumpf zu machen, so daß dieses Element der Neurose in Beziehung zu dem Problem gerät, ob die Mama gerne oder nur gezwungen Kinder bekomme, aber ich habe nicht den Eindruck, daß hiermit die volle Aufklärung für das »Krawallmachen mit den Beinen« gegeben ist. Meine Vermutung, daß sich bei dem Kinde eine Reminiszenz an einen von ihm im Schlafzimmer beobachteten sexuellen Verkehr der Eltern geregt habe, konnte der Vater nicht bestätigen. Begnügen wir uns also mit dem, was wir erfahren haben.

Durch welchen Einfluß es in der geschilderten Situation bei Hans zum Umkippen, zur Verwandlung der libidinösen Sehnsucht in Angst gekommen ist, an welchem Ende da die Verdrängung eingesetzt hat, das ist schwer zu sagen und könnte wohl nur durch die Vergleichung mit mehreren ähnlichen Analysen zu entscheiden sein; ob das intellektuelle Unvermögen des Kindes, das schwierige Problem der Kinderzeugung zu lösen und die durch die Annäherung an die Lösung entbundenen aggressiven Impulse zu verwerten, den Ausschlag gab oder ein somatisches Unvermögen, eine Intoleranz seiner Konstitution gegen die regelmäßig geübte masturbatorische Befriedigung, ob die bloße Fortdauer der sexuellen Erregung in so hoher Intensität zum Umschlage führen mußte, das stelle ich als fraglich hin, bis uns weitere Erfahrung zu Hilfe kommt.

Dem Gelegenheitsanlasse für den Ausbruch der Krankheit zu viel Einfluß zuzuschreiben, verbieten die zeitlichen Verhältnisse, denn Andeutungen von Ängstlichkeit waren bei Hans lange vorher, ehe er das Stellwagenpferd auf der Straße umfallen sah, zu beobachten.

Immerhin knüpfte die Neurose direkt an dieses akzidentelle Erlebnis an und bewahrte die Spur desselben in der Erhebung des Pferdes zum Angstobjekt. Eine »traumatische Kraft« kommt diesem Eindrucke an und für sich nicht zu; nur die frühere Bedeutung des Pferdes als Gegenstand der Vorliebe und des Interesses und die Anknüpfung an das traumatisch geeignetere Erlebnis in Gmunden, wie Fritzl beim Pferdespiele umfiel, sowie der leichte Assoziationsweg von Fritzl zum Vater, haben den zufällig beobachteten Unfall mit so großer Wirksamkeit ausgestattet. Ja, wahrscheinlich hätten auch diese Beziehungen nicht ausgereicht, wenn nicht dank der Schmiegsamkeit und der Vieldeutigkeit der Assoziationsverknüpfungen der gleiche Eindruck sich auch geeignet erwiesen hätte, an den zweiten der im Unbewußten bei Hans lauernden Komplexe, an den von der Niederkunft der graviden Mutter, zu rühren. Von da an war der Weg zur Wiederkehr des Verdrängten eröffnet, und nun wurde er in der Weise beschritten, daß das *pathogene Material auf den Pferdekomplex umgearbeitet (transponiert) und die begleitenden Affekte uniform in Angst verwandelt erschienen.*

Bemerkenswerterweise mußte sich der nunmehrige Vorstellungsinhalt der Phobie noch eine Entstellung und Ersetzung gefallen lassen, ehe das Bewußtsein Kenntnis von ihm nahm. Der erste Wortlaut der Angst, den Hans äußerte, war: das Pferd wird mich beißen; er rührt aus einer anderen Szene in Gmunden her, die einerseits Beziehung zum feindseligen Wunsche gegen den Vater hat, anderseits an die Onanieverwarnung erinnert. Es hat sich da ein ablenkender Einfluß geltend gemacht, der vielleicht von den Eltern ausging; ich bin nicht sicher, ob die Berichte über Hans damals sorgfältig genug abgefaßt wurden, um uns entscheiden zu lassen, ob er seiner Angst diesen Ausdruck gegeben, *ehe oder erst nachdem* ihn die Mutter wegen seiner Masturbation zur Rede gestellt hatte. Im Gegensatze zur Darstellung der Krankengeschichte möchte ich das letztere vermuten. Im übrigen ist unverkennbar, daß der feindselige Komplex gegen den Vater bei Hans überall den lüsternen gegen die Mutter verdeckt, sowie er auch in der Analyse zuerst aufgedeckt und erledigt wurde.

In anderen Krankheitsfällen fände sich weit mehr über die Struktur einer Neurose, ihre Entwicklung und Ausbreitung zu sagen, aber die Krankheitsgeschichte unseres kleinen Hans ist sehr kurz; sie wird alsbald nach ihrem Beginne von der Behandlungsgeschichte abgelöst. Wenn die Phobie sich während der Behandlung dann weiter zu entwickeln schien, neue Objekte und neue Bedingungen in ihren Bereich zog, so war der selbst behandelnde Vater natürlich einsichtsvoll genug, darin nur ein Zumvorscheinkommen des bereits Fertigen und nicht eine Neuproduktion, die man der Behandlung zur Last legen könnte, zu erblicken. Auf solche Einsicht darf man dann in anderen Fällen von Behandlung nicht immer rechnen.

Ehe ich diese Synthese für beendigt erkläre, muß ich noch einen andern Gesichtspunkt würdigen, bei dem wir mitten in die Schwierigkeiten der Auffassung neurotischer Zustände geraten werden. Wir sehen, wie unser kleiner Patient von einem wichtigen Verdrängungsschube befallen wird, der gerade seine herrschenden sexuellen Komponenten betrifft.[1] Er entäußert sich der Onanie, er weist mit Ekel von sich, was an Exkremente und an Zuschauen bei den Verrichtungen erinnert. Es sind aber nicht diese Komponenten, welche beim Krankheitsanlasse (beim Anblicke des fallenden Pferdes) angeregt werden, und die das Material für die Symptome, den Inhalt der Phobie, liefern.

Man hat also da Anlaß, eine prinzipielle Unterscheidung aufzustellen. Wahrscheinlich gelangt man zu einem tieferen Verständnisse des Krankheitsfalles, wenn man sich jenen anderen Komponenten zuwendet, welche die beiden letztgenannten Bedingungen erfüllen. Dies sind bei Hans Regungen, die bereits vorher unterdrückt waren und sich, soviel wir erfahren, niemals ungehemmt äußern konnten, feindselig-eifersüchtige Gefühle gegen den Vater und sadistische, Koitusahnungen entsprechende, Antriebe gegen die Mutter. In diesen frühzeitigen Unterdrückungen liegt vielleicht die Disposition für die spätere Erkrankung. Diese aggressiven Neigungen haben bei Hans keinen Ausweg gefunden, und sobald sie in einer Zeit der Entbehrung und gesteigerten sexuellen Erregung verstärkt hervorbrechen wollen, entbrennt jener Kampf, den wir die »Phobie« nennen. Während derselben dringt ein Teil der verdrängten Vorstellungen als Inhalt der Phobie, entstellt und auf einen anderen Komplex überschrieben, ins Bewußtsein; aber kein Zweifel, daß dies ein kümmerlicher Erfolg ist. Der Sieg verbleibt der Verdrängung, *die bei dieser Gelegenheit auf andere als die vordringliche Komponente übergreift.* Das

[1] Der Vater hat sogar beobachtet, daß gleichzeitig mit dieser Verdrängung ein Stück Sublimierung bei ihm eintritt. Er zeigt vom Beginne der Ängstlichkeit an ein gesteigertes Interesse für Musik und entwickelt seine hereditäre musikalische Begabung.

ändert nichts daran, daß das Wesen des Krankheitszustandes durchaus an die Natur der zurückzuweisenden Triebkomponenten gebunden bleibt. Absicht und Inhalt der Phobie ist eine weitgehende Einschränkung der Bewegungsfreiheit, sie ist also eine machtvolle Reaktion gegen die dunklen Bewegungsimpulse, die sich besonders gegen die Mutter wenden wollten. Das Pferd war für den Knaben immer das Vorbild der Bewegungslust (»Ich bin ein junges Pferd«, sagt Hans im Herumspringen), aber da diese Bewegungslust den Koitusimpuls einschließt, wird die Bewegungslust von der Neurose eingeschränkt und das Pferd zum Sinnbild des Schreckens erhoben. Es scheint, daß den verdrängten Trieben in der Neurose nichts anderes verbleibt als die Ehre, der Angst im Bewußtsein die Vorwände zu liefern. Aber so deutlich auch der Sieg der Sexualablehnung in der Phobie ist, so läßt doch die Kompromißnatur der Krankheit nicht zu, daß das Verdrängte nichts anderes erreiche. Die Phobie vor dem Pferde ist doch wieder ein Hindernis, auf die Gasse zu gehen, und kann als Mittel dienen, um bei der geliebten Mutter im Hause zu bleiben. Darin hat sich also die Zärtlichkeit für die Mutter siegreich durchgesetzt; der Liebhaber klammert sich infolge der Phobie an sein geliebtes Objekt, aber freilich ist nun dafür gesorgt, daß er unschädlich bleibt. In diesen beiden Wirkungen offenbart sich die eigentliche Natur einer neurotischen Erkrankung.

Alf. Adler hat kürzlich in einer gedankenreichen Arbeit,[1] der ich vorhin die Bezeichnung Triebverschränkung entnommen habe, ausgeführt, daß die Angst durch die Unterdrückung des von ihm sogenannten »Aggressionstriebes« entstehe, und in weitumfassender Synthese diesem Triebe die Hauptrolle im Geschehen, »im Leben und in der Neurose« zugewiesen. Wenn wir zum Schlusse gelangt sind, daß in unserem Falle von Phobie die Angst durch die Verdrängung jener Aggressionsneigungen, der feindseligen gegen den Vater und der sadistischen gegen die Mutter, zu erklären sei, scheinen wir eine eklatante Bestätigung für die Anschauung *Adlers* erbracht zu haben. Und doch kann ich derselben,

[1] S. o. [S. 103 f – Anm. d. Red.]

die ich für eine irreführende Verallgemeinerung halte, nicht beipflichten. Ich kann mich nicht entschließen, einen besonderen Aggressionstrieb neben und gleichberechtigt mit den uns vertrauten Selbsterhaltungs- und Sexualtrieben anzunehmen.[1] Es scheint mir, daß *Adler* einen allgemeinen und unerläßlichen Charakter aller Triebe, eben das »Triebhafte«, Drängende in ihnen, was wir als die Fähigkeit, der Motilität Anstoß zu geben, beschreiben können, zu einem besonderen Triebe mit Unrecht hypostasiert habe. Von den anderen Trieben erübrigte dann nichts anderes als die Beziehung zu einem Ziele, nachdem ihnen die Beziehung zu den Mitteln, dieses Ziel zu erreichen, durch den »Aggressionstrieb« abgenommen wird; trotz all der Unsicherheit und Ungeklärtheit unserer Trieblehre, möchte ich vorläufig an der gewohnten Auffassung festhalten, welche jedem Triebe sein eigenes Vermögen, aggressiv zu werden, beläßt, und in den beiden bei unserem Hans zur Verdrängung gelangenden Trieben würde ich altbekannte Komponenten der sexuellen Libido erkennen.

3

Ehe ich nun in die voraussichtlich kurz gehaltenen Erörterungen eintrete, was aus der Phobie des kleinen Hans allgemein Wertvolles für Kinderleben und Kindererziehung zu entnehmen ist, muß ich dem lange aufgesparten Einwande begegnen, der uns mahnt, daß Hans ein Neurotiker, Hereditarier, Dégénéré ist, kein normales Kind, von dem aus auf andere Kinder übertragen werden darf. Es tut mir lange schon leid, daran zu denken, wie alle die Bekenner des »Normalmenschen« unseren armen kleinen Hans mißhan-

[1] [*Zusatz 1923*:] Das im Text Stehende ist zu einer Zeit geschrieben worden, da *Adler* noch auf dem Boden der Psychoanalyse zu stehen schien, vor seiner Aufstellung des männlichen Protests und seiner Verleugnung der Verdrängung. Ich habe seither auch einen »Aggressionstrieb« statuieren müssen, der nicht mit dem Adler'schen zusammenfällt. Ich ziehe es vor, ihn »Destruktions«- oder »Todestrieb« zu heißen (»Jenseits des Lustprinzips«, »Das Ich und das Es« [; als Taschenbuch Bd. 6394 – Anm. d. Red]). Sein Gegensatz zu den libidinösen Trieben kommt in der bekannten Polarität von Lieben und Hassen zum Ausdruck. Auch mein Widerspruch gegen die Adler'sche Aufstellung, die einen allgemeinen Charakter der Triebe überhaupt zu Gunsten eines einzigen beeinträchtigt, bleibt aufrecht.

deln werden, nachdem sie erst erfahren haben, daß ihm tatsächlich hereditäre Belastung nachgewiesen werden kann. Seiner schönen Mutter, die in einem Konflikte ihrer Mädchenzeit neurotisch erkrankte, hatte ich damals Hilfe geleistet, und dies war sogar der Anfang meiner Beziehungen zu seinen Eltern. Ich getraue mich nur ganz schüchtern, einiges zu seinen Gunsten vorzubringen.

Zunächst, daß Hans nicht das ist, was man sich nach der strengen Observanz unter einem degenerierten, zur Nervosität erblich bestimmten Kinde vorstellen würde, sondern vielmehr ein körperlich wohlgebildeter, heiterer, liebenswürdiger und geistig reger Geselle, an dem nicht nur der eigene Vater seine Freude haben kann. An seiner sexuellen Frühreife freilich ist kein Zweifel, aber es fehlt da viel Vergleichsmaterial zum richtigen Urteile. Aus einer Sammeluntersuchung aus amerikanischer Quelle habe ich z. B. ersehen, daß ähnlich frühe Objektwahl und Liebesempfinden bei Knaben nicht gar so selten angetroffen wird, und aus der Kindergeschichte von später als »groß« erkannten Männern weiß man das nämliche, so daß ich meinen möchte, die sexuelle Frühreife sei ein selten fehlendes Korrelat der intellektuellen, und darum bei begabten Kindern häufiger anzutreffen, als man erwarten sollte.

Ferner mache ich in meiner eingestandenen Parteilichkeit für den kleinen Hans geltend, daß er nicht das einzige Kind ist, das zu irgendeiner Zeit seiner Kinderjahre von Phobien befallen wird. Solche Erkrankungen sind bekanntlich ganz außerordentlich häufig, auch bei Kindern, deren Erziehung an Strenge nichts zu wünschen übrig läßt. Die betreffenden Kinder werden später entweder neurotisch, oder sie bleiben gesund. Ihre Phobien werden in der Kinderstube niedergeschrien, weil sie der Behandlung unzugänglich und gewiß sehr unbequem sind. Sie lassen dann im Laufe von Monaten oder Jahren nach, heilen anscheinend; welche psychischen Veränderungen eine solche Heilung bedingt, welche Charakterveränderungen mit ihr verknüpft sind, darin hat niemand Einsicht. Wenn man dann einmal einen erwachsenen Neurotiker in psychoanalytische Behandlung nimmt, der, nehmen wir an, erst in reifen Jahren manifest erkrankt ist, so erfährt man regelmäßig, daß seine Neurose an jene Kinderangst anknüpft, die Fortsetzung derselben darstellt, und daß also eine unausgesetzte, aber auch ungestörte psychische Arbeit sich von jenen Kinderkonflikten an durchs Leben fortgesponnen hat, ohne Rücksicht darauf, ob deren erstes Symptom Bestand hatte oder unter dem Drange der Verhältnisse zurückgezogen wurde. Ich meine also, unser Hans ist vielleicht nicht stärker erkrankt gewesen als so viele andere Kinder, die nicht als »Degenerierte« gebrandmarkt werden; aber da er ohne Einschüchterung, mit möglichster Schonung und möglichst geringem Zwang erzogen wurde, hat sich seine Angst kühner hervorgewagt. Die Motive des schlechten Gewissens und der Furcht vor der Strafe haben ihr gefehlt, die sonst gewiß zu ihrer Verkleinerung beitragen. Mir will scheinen, wir geben zu viel auf Symptome und kümmern uns zu wenig um das, woraus sie hervorgehen. In der Kindererziehung gar wollen wir nichts anderes als in Ruhe gelassen werden, keine Schwierigkeiten erleben, kurz, das brave Kind züchten und achten sehr wenig darauf, ob dieser Entwicklungsgang dem Kinde auch frommt. Ich könnte mir also vorstellen, daß es heilsam für unseren Hans war, diese Phobie produziert zu haben, weil sie die Aufmerksamkeit der Eltern auf die unvermeidlichen Schwierigkeiten lenkte, welche die Überwindung der angeborenen Triebkomponenten in der Kulturerziehung dem Kinde bereiten muß, und weil diese seine Störung die Hilfeleistung des Vaters nach sich zog. Vielleicht hat er nun vor anderen Kindern das voraus, daß er nicht mehr jenen Keim verdrängter Komplexe in sich trägt, der fürs spätere Leben jedesmal etwas bedeuten muß, der gewiß Charakterverbildung in irgend einem Ausmaße mit sich bringt, wenn nicht die Disposition zu einer späteren Neurose. Ich bin geneigt, so zu denken, aber ich weiß nicht, ob noch viele andere mein Urteil teilen werden, weiß auch nicht, ob die Erfahrung mir recht geben wird.

Ich muß aber fragen, was hat nun bei Hans das Anslichtziehen der nicht nur von den Kindern verdrängten, sondern auch von den Eltern gefürchteten Komplexe geschadet? Hat der Kleine nun etwa Ernst gemacht mit seinen Ansprüchen auf die Mutter, oder sind an Stelle der bösen Absichten gegen den Vater Tätlichkeiten getreten? Sicherlich werden

das viele befürchtet haben, die das Wesen der Psychoanalyse verkennen und meinen, man verstärke die bösen Triebe, wenn man sie bewußt mache. Diese Weisen handeln dann nur konsequent, wenn sie um Gotteswillen von jeder Beschäftigung mit den bösen Dingen abraten, die hinter den Neurosen stecken. Sie vergessen dabei allerdings, daß sie Ärzte sind, und geraten in eine fatale Ähnlichkeit mit *Shakespeares* Holzapfel in »Viel Lärm um nichts«, der der ausgeschickten Wache gleichfalls den Rat gibt, sich von jeder Berührung mit den etwa angetroffenen Dieben, Einbrechern recht fernzuhalten. Solches Gesindel sei kein Umgang für ehrliche Leute.[1]
Die einzigen Folgen der Analyse sind vielmehr, daß Hans gesund wird, sich vor Pferden nicht mehr fürchtet, und daß er mit seinem Vater, wie dieser belustigt mitteilt, eher familiär verkehrt. Aber was der Vater an Respekt etwa einbüßt, das gewinnt er an Vertrauen zurück: »Ich hab' geglaubt, du weißt alles, weil du das vom Pferd gewußt hast.« Die Analyse macht nämlich den *Erfolg* der Verdrängung nicht rückgängig; die Triebe, die damals unterdrückt wurden, bleiben die unterdrückten, aber sie erreicht diesen Erfolg auf anderem Weg, ersetzt den Prozeß der Verdrängung, der ein automatischer und exzessiver ist, durch die maß- und zielvolle Bewältigung mit Hilfe der höchsten seelischen Instanzen, mit einem Worte: *sie ersetzt die Verdrängung durch die Verurteilung.* Sie scheint uns den lang gehegten Beweis zu erbringen, daß das Bewußtsein eine biologische Funktion hat, daß mit seinem Insspieltreten ein bedeutsamer Vorteil verbunden ist.[2]

[1] Ich kann die verwunderte Frage hier nicht unterdrücken, woher diese Gegner meiner Anschauungen ihr so sicher vorgetragenes Wissen beziehen, ob die verdrängten Sexualtriebe eine Rolle in der Ätiologie der Neurosen spielen und welche, wenn sie den Patienten den Mund verschließen, sobald sie von ihren Komplexen und deren Abkömmlingen zu reden beginnen? Meine und meiner Anhänger Mitteilungen sind ja dann die einzige Wissenschaft, die ihnen zugänglich bleibt.

[2] [Zusatz 1923:] Ich gebrauche hiedurch das Wort Bewußtsein in einem Sinne, den ich später vermieden habe, für unser normales bewußtseinsfähiges Denken. Wir wissen, daß auch solche Denkprozesse *vor*bewußt vor sich gehen können und tun gut, deren »Bewußtsein« rein phänomenologisch zu werten. Natürlich wird der Erwartung, auch das Bewußtwerden erfülle eine biologische Funktion, hiemit nicht widersprochen.

Hätte ich allein die Verfügung darüber gehabt, so hätte ich's gewagt, dem Kinde auch noch die eine Aufklärung zu geben, welche ihm von den Eltern vorenthalten wurde. Ich hätte seine triebhaften Ahnungen bestätigt, indem ich ihm von der Existenz der Vagina und des Koitus erzählt hätte, so den ungelösten Rest um ein weiteres Stück verkleinert und seinem Fragedrang ein Ende gemacht. Ich bin überzeugt, er hätte weder die Liebe zur Mutter noch sein kindliches Wesen infolge dieser Aufklärungen verloren und hätte eingesehen, daß seine Beschäftigung mit diesen wichtigen, ja imposanten Dingen nun ruhen muß, bis sich sein Wunsch, groß zu werden, erfüllt hat. Aber das pädagogische Experiment wurde nicht so weit geführt.

Das man zwischen »nervösen« und »normalen« Kindern und Erwachsenen keine scharfe Grenze ziehen darf, daß »Krankheit« ein rein praktischer Summationsbegriff ist, daß Disposition und Erleben zusammentreffen müssen, um die Schwelle für die Erreichung dieser Summation überschreiten zu lassen, daß infolgedessen fortwährend viele Individuen aus der Klasse der Gesunden in die der nervös Kranken übertreten und eine weit geringere Anzahl den Weg auch in umgekehrter Richtung macht, das sind Dinge, die so oft gesagt worden sind und soviel Anklang gefunden haben, daß ich mit ihrer Behauptung gewiß nicht allein stehe. Daß die Erziehung des Kindes einen mächtigen Einfluß geltend machen kann, zugunsten oder ungunsten der bei dieser Summation in Betracht kommenden Krankheitsdisposition, ist zum mindesten sehr wahrscheinlich, aber was die Erziehung anzustreben und .wo sie einzugreifen hat, das erscheint noch durchaus fragwürdig. Sie hat sich bisher immer nur die Beherrschung, oft richtiger Unterdrückung der Triebe zur Aufgabe gestellt; der Erfolg war kein befriedigender und dort, wo es gelang, geschah es zum Vorteil einer kleinen Anzahl bevorzugter Menschen, von denen Triebunterdrückung nicht gefordert wird. Man fragte auch nicht danach, auf welchem Wege und mit welchen Opfern die Unterdrückung der unbequemen Triebe erreicht wurde. Substituiert man dieser Aufgabe eine andere, das Individuum mit der geringsten Einbuße an seiner Aktivität kulturfähig und sozial verwertbar zu machen, so haben die durch

die Psychoanalyse gewonnenen Aufklärungen über die Herkunft der pathogenen Komplexe und über den Kern einer jeden Neurose eigentlich den Anspruch, vom Erzieher als unschätzbare Winke für sein Benehmen gegen das Kind gewürdigt zu werden. Welche praktischen Schlüsse sich hieraus ergeben, und inwieweit die Erfahrung die Anwendung derselben innerhalb unserer sozialen Verhältnisse rechtfertigen kann, dies überlasse ich anderen zur Erprobung und Entscheidung.
Ich kann von der Phobie unseres kleinen Patienten nicht Abschied nehmen, ohne die Vermutung auszusprechen, welche mir deren zur Heilung führende Analyse besonders wertvoll macht. Ich habe aus dieser Analyse, streng genommen, nichts Neues erfahren, nichts, was ich nicht schon, oft in weniger deutlicher und mehr vermittelter Weise, bei anderen im reifen Alter behandelten Patienten hatte erraten können. Und da die Neurosen dieser anderen Kranken jedesmal auf die nämlichen infantilen Komplexe zurückzuführen waren, die sich hinter der Phobie Hansens aufdecken ließen, bin ich versucht, für diese Kinderneurose eine typische und vorbildliche Bedeutung in Anspruch zu nehmen, als ob die Mannigfaltigkeit der neurotischen Verdrängungserscheinungen und die Reichhaltigkeit des pathogenen Materials einer Ableitung von sehr wenigen Prozessen an den nämlichen Vorstellungskomplexen nicht im Wege stünden.

Register

Abraham, Karl 96
Abwehrmechanismen 9, 19, 114
Adler, Alfred 103, 130f
Affekt und Angst 39
Aggressionstrieb
- bei A. Adler 103, 130f
-, Kritik durch S. Freud 130f
Agoraphobie 110
Alexander, F. 17
Amphigene Phase in der Entwicklung des Homosexuellen 106
Anal-sadistische Phase 8, 108
Analyse des ›Kleinen Hans‹
-, Wertung durch A. Freud 7ff
-, zusammenfassende Verlaufsbeschreibung durch S. Freud 112ff
Andreas-Salome, Lou 17
Angst
- und Affekt 39f
-, Eisenbahn- 83
- -freiheit 112
- -hysterie 110ff
- und Libido 32ff, 112, 119, 127
-, pathologische 32
- vor Pferden 29ff, 34, 38f, 44f
  - vor beißenden Pferden 30, 35, 110, 113f
  - vor umfallenden Pferden 50ff, 79, 88, 117, 127
  s. auch Pferdeangst
-, Straßen- 29, 31f, 83, 110
- im Traum 30, 113
- vor und um den Vater 48f, 107f, 117
- und Verdrängung 32
s. auch Verdrängung

Antisemitismus 41
Assoziation, freie 10, 43, 128
Aufklärung, sexuelle 34, 85, 97, 114f, 123, 125
Autoerotismus 93, 103, 105f, 109, 124

Begabung 132
Bernheim, H. 100
Bettnässen 105
Bewußtsein 134
Brust
-, Entziehung der - 17f
-, Saugen an der - 17
Busch, Wilhelm 23

Ce que femme veut dieu veut 91

Dégénéré 131ff
Dementia praecox 102
Denken, kindliches 126
-, Wortgleichklänge im - 61, 96f
Destruktionstrieb 131
»Dunkelbewußte« Vorgänge 20

Eifersucht gegen das Neugeborene 19f, 69
s. auch Todeswünsche
Ekel 8, 57f, 64f, 105, 129
Entwicklungspsychologie 10
Erwachsenenanalyse 10f, 15, 40, 99, 101
Erziehung 16, 99, 131ff, 135f
s. auch Pädagogik
Exhibitionslust, verdrängte
- des Kindes 9, 22, 27f, 104, 120
Exkretionskomplex 75, 102

»Feigheit« des Angsthysterikers 112
Fellatio 17

Fragen der Kinder 97f
Frühreife, sexuelle 132

Geburt(s-)
– -akt 17, 85f, 125
– eines Geschwisterchens 8f, 19f, 86, 109, 124
– -theorie, Kiste in der – 69ff
–, anale 74, 125
– -trauma 111
Gefühlsgegensätze 108
Gehorsam, nachträglicher 40
Genitalzone, Bedeutung 104f
Geschlechtsunterschied 19ff, 28
–, Kinder entdecken – 18f, 27f, 87
Geschwistereifersucht 8, 19f, 109
Giraffe 21, 38, 41ff, 115f
– als Symbol 43f
Gmunden, Hans' Aufenthalt in – 21ff, 114
Graviditätskomplex 83, 121

Heine, Th. Th. 123
Hemmung 111f
Heredität 9, 99, 129, 131
Holzapfel (Shakespeare) 134
Homosexualität 105f
–, frühkindliche 23, 25, 105f, 113
Homosexuelle Fixierung des kleinen Knaben an den Vater 27
Hysterie 105

Identifizierung mit dem Angreifer 9
Inzestschranke 45
s. auch Ödipale Situation

Juden, Beschneidung 41

Kastration(s-)
– -angst 8f, 123
– -drohung 17f, 37, 40f, 103, 114

Kastration(s) (Forts.)
– -komplex 17f, 41, 98, 102, 115
Kinder
– -analyse 10f, 15, 99, 101f, 131, 134, 136
– -aussagen 101
– -beobachtung 10, 16
– -erziehung *s.* Erziehung
– -fragen 97f
– -genitalien, Liebkosen durch Verwandte 30
Kiste als Symbol für Mutterleib 69ff, 74, 121
Klitoris 20
Kontrektationstrieb 107
Konversion, hysterische 111
Krankengeschichte des ›Kleinen Hans‹ 29ff, 109ff
Krankheit(s-)
– -begriff 10, 110, 112, 135
– -gewinn 110
Kränkung, narzistische 9
»Krawall« machen 53ff, 66, 79, 88, 105, 126f

Leugnung in der Phantasie 9
Libido, Angst als Verdrängungsprodukt 32, 110ff, 119, 127, 131
»Liebe per Distanz« 23
Liebeault, A. 100
»Lodi« (fingierter Name) 97ff, 123
Lügen der Kinder 71, 93, 100f, 121
Lumpf 56ff, 102, 105, 125
»– -komplex« 119
– -symbol 120

»Männlicher Protest« (A. Adler) 131
Masturbation 26, 33, 113f, 124, 127f
s. auch Onanie, Penis
Meyer, Conrad Ferdinand 108
Mitleiden 108
Moll, A. 107

Nachträglicher Gehorsam 40
Nervosität 15, 111 f, 132, 135
Neurose 8, 15 ff, 33, 83, 99, 102, 107, 108 ff, 124, 127 f, 130, 132, 134, 136

Objektwahl, kindliche 22, 104 ff, 130, 132
Ödipale Situation 48, 88, 90, 95, 107, 109, 125 f, 128 f
s. auch Vater
Onanie(r-)
– -angewöhnung 36 f
–, frühkindliche 33
– -entwöhnung 33, 114, 129
– -phantasie 37
– -verbot 31, 40, 103, 114, 128
– -kinder 93 ff
s. auch Masturbation, Penis

Pädagogik und Psychoanalyse 9, 135 f
s. auch Erziehung
Penis
– als Lustquelle 8, 33, 103 ff, 124 *s. auch* Masturbation, Onanie
– -losigkeit, Verleugnung der – bei Mädchen 20
– der Tiere 16, 18, 29, 38 f
Perversionen 105
Pferdeangst 29 f, 34, 38 f, 44 f
–, Ursachen beim ›Kleinen Hans‹ 54, 113 f, 116, 119, 127 ff
s. auch Angst
Phantasie(n-)
–, anale 95
–, Badewannen- 66 ff, 70, 96 f, 109
–, Giraffen- des ›Kleinen Hans‹ 41 ff, 115 ff
– vom Installateur 66 f, 96 f, 102, 120
– -kinder 93 ff
–, Onanier- 37 f, 93
Phantasie(n-) (Forts.)
– von Pferden *s.* Pferdeangst, Angst
–, Zeugungs- 116, 120
Phobie
–, allgemein 105, 110 f, 128 ff, 132
–, Beginn der – des ›Kleinen Hans‹ 9, 30 f
–, Bildung einer – 83, 126
–, Eisenbahn- 83
–, Straßen- 32 f, 83
s. auch Pferdeangst
Polygame Veranlagung 22, 106
Projektion 9
Prometheus 96
Psychoanalyse 101, 113
– und A. Adler 130 f
– von Kindern *s.* Kinderanalyse

Rache am Vater 71, 83, 121 f
Rank, Otto 71, 111
Reaktionsbildung 8 f

Sargon von Agade 71
Scham 9
Schlafen 24 f, 32, 107, 113, 124
Schlagen 46
Selbsterhaltungstrieb 131
Sexualentwicklung
–, phallisch-ödipale Phase 8, 106, 126
Sexualinteresse, Auftreten des kindlichen – 8, 16, 18, 105 f
– und Tiere 9, 18
Sexualtrieb 131, 134
Shakespeare, William 134
Sphinx 115, 125
Stärcke, A. 17
Stekel, Wilhelm 110
Storch als Kinderbringer 19 f, 69, 72 ff, 86, 121, 125
Straftraum 113
Stuhlgang 17, 58, 97, 104, 119, 125
Sublimierung 129
Suggestion 100, 102 f, 136

Tiere, kindliche Sexualneugierde und die – 9, 18
Todestrieb 131
Todeswünsche
– gegen Geschwister 8, 69, 73f, 109, 121
– gegen den Vater 55, 90, 107f, 118f, 123, 125, 129
Transponierung 54
– von pathogenem Material 113, 128
Traum
–, frühkindlicher 30
–, Giraffen- 41ff
–, Kinder- von der Mariedl 21
–, Type auditif eines – 27
Trennung von der Mutter 17, 29f, 95, 109, 113, 124
Trieb-
– -befriedigung 9, 32
– -umwandlung 8
– -verschiebung 9
– -verschränkung 103, 120, 130
– -wünsche des ›Kleinen Hans‹ 8f
Type auditif eines Traumes 27

Überkompensation 69
Unbewußtes 101, 115

Vagina 126, 135
Vater als Großvater 95, 123
s. auch Ödipale Situation
Verdrängung(s-) 27f, 32, 40, 59, 103, 105, 108, 113, 117f, 129, 134
Verdrängung(s-) (Forts.)
– der aggressiven Wünsche 8, 112f, 127, 129f
– einer Phobie 126
–, Übergreifen der – 130
– -traum 113
–, Verleugnung der – durch A. Adler 131
– und Verurteilung 134
Verführungsversuche 26, 31f, 113
s. auch Ödipale Situation
Vergleichen (intellekt. Technik) 104
Vorbewußtsein 134

Weib, mit dem Penis als infantile Vorstellung 106
Weiberfeindschaft 41
Weininger, O. 41
Wiedererweckung einer Phobie 126
Wiederkehr des Verdrängten 128
»Wiwimachenlassen« 27, 62, 104
»Wiwimacher« 16ff, 38ff, 84, 96, 103f, 114, 126
Wortgleichklänge im kindlichen Denken 61, 96f
Wundt, Wilhelm 20
Wünsche
–, erotische 124
–, verdrängte *s.* Verdrängung

Zeugungsphantasie 116, 120
s. auch Phantasie (Badewannen-)

Geist und Psyche

Begründet von Nina Kindler 1964

Kinderpsychologie

Gordon W. Allport
Werden der Persönlichkeit
Band 42127

Bruno Bettelheim
Die Geburt des Selbst
Band 42247

Gerd Biermann (Hg.)
Handbuch der Kinderpsychotherapie
Band 42299

John Bolland / Joseph Sandler
Die Hampstead-Methode
Band 42269

John Bowlby
Trennung
Band 42171
Bindung
Band 42210
Verlust
Band 42243

Dorothy Burlingham
Labyrinth Kindheit
Band 42256

Anna Freud
Einführung in die Technik der Kinderanalyse
Band 42111

Herbert Goetze / Wolfgang Jaede
Nicht-direktive Spieltherapie
Band 42262

Hans Gustav Graber
Pränatale Psychologie
Band 42123

Klaus E. Grossmann (Hg.)
Entwicklung der Lernfähigkeit in der sozialen Umwelt
Band 42177

David Kadinsky
Die Entwicklung des Ich beim Kinde
Band 42242

Fischer Taschenbuch Verlag

fi 347 / 5 a

Die Schriften der Anna Freud
Ausgabe in 10 Bänden

Herausgegeben von Helga Watson und Michael Schröter

Band I 1922–1936	**Einführung in die Psychoanalyse** **Vorträge für Kinderanalytiker und Lehrer** **Das Ich und die Abwehrmechanismen**
Band II 1939–1945	**Kriegskinder** **Berichte aus den Kriegskinderheimen** **»Hamstead Nurseries« 1941 und 1942**
Band III 1939–1945	**Anstaltskinder** **Berichte aus den Kriegskinderheimen** **»Hamstead Nurseries« 1943 bis 1945**
Band IV 1945–1956	**Indikationsstellung in der Kinderanalyse** **und andere Schriften**
Band V 1945–1956	**Psychoanalyse und Erziehung** **und andere Schriften**
Band VI 1956–1965	**Forschungsergebnisse aus der** **Hamstead Child-Therapy Clinic** **und andere Schriften**
Band VII 1956–1965	**Anwendung psychoanalytischen Wissens** **auf die Kindererziehung** **und andere Schriften**
Band VIII 1965	**Wege und Irrwege in der Kinderentwicklung**
Band IX 1966–1970	**Probleme der psychoanalytischen Ausbildung,** **Diagnose und therapeutischen Technik**
Band X 1971–1980	**Psychoanalytische Beiträge zur normalen** **Kinderentwicklung** **Gesamtregister**

Fischer Taschenbuch Verlag

fi 582/1